그 은혜 이야기

The Story of Grace
by Horatius Bonar

First published in 1857 by Robert Carter & Brothers, New York, USA.
This work is in the public domain.

Korean edition ⓒ 2025 Word of Life Press, Seoul, Korea.
All rights reserved.

그 은혜 이야기

ⓒ **생명의말씀사** 2025

2025년 9월 24일 1판 1쇄 발행

펴낸이 | 김창영
펴낸곳 | 생명의말씀사

등록 | 1962. 1. 10. No.300-1962-1
주소 | 서울시 종로구 경희궁1길 6 (03176)
전화 | 02)738-6555(본사) · 02)3159-7979(영업)
팩스 | 02)739-3824(본사) · 080-022-8585(영업)

기획편집 | 유영란, 정재림
디자인 | 최종혜
인쇄 | 영진문원
제본 | 보경문화사

ISBN 978-89-04-16937-5 (03230)

저작권자의 허락 없이 이 책의 일부 또는 전체를
무단 복제, 전재, 발췌하면 저작권법에 의해 처벌을 받습니다.

표지 Artist : August Babberger   Title : Blumen(1906)

그 은혜 이야기

The Story of Grace

호라티우스 보나르 지음
신지철 옮김

생명의말씀사

차례

머리말 · 6

1 하나님이 에덴에서 들려주신 선 이야기 · 18

2 하나님의 이야기를 방해한 사람 · 34

3 방해를 넘어 뜻을 이루신 하나님 · 46

4 드러난 하나님의 목적 · 56

5 은혜 이야기의 시작 · 68

6 은혜 이야기가 처음 전해진 곳 · 80

7 은혜 이야기를 전하시는 분 · 96

The Story of Grace

8 은혜 이야기의 첫 광선 · 112

9 여자의 후손, 고난받는 분, 정복자 · 126

10 추방당한 사람: 믿음으로 사는 삶 · 142

11 남겨진 에덴: 은혜의 교훈 · 158

12 불꽃의 파수꾼: 그 앞의 누인 어린양 · 172

13 두 예배자: 가인인가, 아벨인가? · 192

머리말

나는 이번 책의 제목뿐 아니라, 본문 곳곳에서도 '은혜 이야기'라는 표현을 사용했다. 그 이유는 단순히 그 말이 쉽기 때문만이 아니다. 나는 이 표현이 복음의 참된 본질을 가장 정확하게 드러낼 수 있다고 보았다. 또 이 표현은 자기 의에 사로잡힌 사람들이 온갖 방식으로 복음에 덧씌운 오해와 왜곡을 걷어내고, 복음이 지닌 본래의 아름다움과 빛나는 생명력을 다시 드러내는 데 도움이 되리라 생각했다.

하나님이 복음을 주신 목적은 단순히 사랑을 '고백하려는' 데 있지 않았다. 그분은 사랑을 직접 '보여 주고자' 하셨다. 하나님은 단순한 감정의 선언이 아니라, 구체적인 사건의 역사를 통해 사랑을 증언하고자 하셨다. 그분은 단지 귀로 들을 수 있는 말이 아니라, 눈으로 보고 마음으로 느낄 수 있는 구체적인 행위들(사건들)로 우리에게 말씀하고자 하셨다.

하나님은 아셨다. 그분의 은혜를 말씀하시는 것만으로 충분하지 않다는 사실을. 그 진리를 아무리 열정적으로 되풀이해도, 그것만으로는 사람의 마음을 얻을 수 없다. 우리를 지으신 분은 인간의 마음이 그렇게 쉽게 열리지 않는다는 것을 잘 아셨다. 그분이 다시 인간의 마음속으로 들어가려면, 자신의 은혜를 선언하는 것으로는 부족했다. 그래서 그분은 은혜를 말씀하실 뿐 아니라, 친히 보여 주셨다.

사랑한다는 말은 때로 마음을 더 굳게 만들기도 한다. 열어야 할 귀를 도리어 닫게 만든다. 사랑의 말은 실제 사랑이 식었을 때조차 얼마든지 할 수 있기 때문이다. 마음이 텅 비었을 때, 오히려 목소리는 가장 클 수 있다.

그리고 우리는 말뿐인 사랑을 귀하게 여기지 않는다. 더욱이, 어떤 사실이나 행동을 통해 우리가 스스로 깨닫게 되는 사랑은, 직접 표현된 말보다 훨씬 더 깊이 우리 마음을 울린다. 우리는 단순한 이야기 속에서 말없이 흩뿌려진 애정의 조각들을 하나씩 주워 담는 기쁨을 더 크게 느낀다. 오히려 그런 사랑이 가장 열정적인 고백이나 맹세보다도 더 깊은 울림을 준다.

그러므로 인간의 본성을 지으신 하나님은 우리에게 다가가 마음을 얻기 위해 이 길을 선택하셨다. 그분은 부드러운 매력으로 조용히 우리의 마음을 감싸신다. 그리고 우리가 미처 깨닫기도 전에, 그 마음을 사로잡아 그분의 사랑의 줄에 매어 이끄신다. 하나님은 자신의 사랑을 행동으로 나타내셨다. 행동으로, 그분이 행하신 일, 또 앞으로 행하실 일의 이야기를 우리에게 들려주신다. 그분은 직접 "내가 너를 사랑한다."라고 말씀하시기보다, 사랑의 행동을 하신다. 은혜로운 사건을 일으키신다. 그리하여 우리는 저항할 수 없는 감동 속에서 이 한마디를 마음 깊이 떠올리게 된다. "아, 그분이 나를 얼마나 사랑하시는가!"

인간의 사랑에 대해 이렇게들 말한다. 사랑은 굳이 언어로 표현하지 않아도 된다고 말이다. 눈빛 하나가 말보다 더 깊은 감정을 전한다. 한 사람의 눈은 다른 사람의 눈을 충분히 읽어 낼 수 있다. 눈빛과 눈마저 그렇게 강렬한 표현이 될 수 있다면, 행동은 얼마나 더 큰 힘을 가질 수 있겠는가?

하나님도 그러하시다. 사랑의 행동을 먼저 행하신다. 그리고 그 일을 아무런 꾸밈이나 주석 없이 단순하게 기록하신다. 하나님은 은혜로운 일을 이루신 뒤, 그 이야기를 글로 남기셨다. 우리가 그 안에서 은혜의 풍성함을 읽게 하시려고 말이다. 그리고 그렇게 읽는 가운데, 우리가 복을 누리게 하신다.

그 이야기는 사랑하는 대상의 유익을 위해 사랑이 행한 일을 단순하게 적은 것이다. 그 행위에는 어떤 오해의 여지가 없다. 이중적인 해석이 들어설 틈이 없다. 또 그 행위를 통해 은혜를 베푸신 분의 마음을 의심할 이유도 없다. 오히려 그 행위는 그분의 마음을 분명히 보여 준다. 말이나 고백보다 더 분명하게, 더 직접적으로 전해진다. 게다가 그 행위는 더욱 감동적이고, 더 큰 호소력을 지닌다. 단 하나의 뜻을 지닌 사실들로, 우리를 오직 하나의 결론으로 이끈다. "그가 우리를 위하여 목숨을 버리셨으니 우리가 이로써 사랑을 알고"(요일 3:16).

그러므로 은혜 이야기는 바로 이 세상에 하나님이 베푸신 은혜의 행위에 관한 이야기다. 성부 하나님과 관련지어 말하자면, 이는 영원부터 품으신 하나님의 뜻과 계획에 관한 이야기다.

그 뜻 안에는 얼마나 풍성한 은혜가 담겨 있는가! 성자 하나님과 관련해 말하자면, 이는 그분이 이 땅에서 행하신 일들과 고난의 이야기다. 그 일들 안에도 얼마나 깊은 은혜가 담겨 있는가! 성령 하나님과 관련해 말하자면, 이는 드러난 하나님의 은혜를 증언하는 이야기다. 그분이 바로 이 놀라운 이야기를 전하시는 분이다! 이처럼, 사랑의 계획은 성부의 것이고, 사랑의 행위는 성자의 것이며, 사랑의 증언은 성령의 것이다.

은혜 이야기는 이 땅에서 들은 이야기 가운데 가장 참된 이야기다. 그 이야기를 전하는 분은 진실하시다. 그 이야기의 주인공 또한 진실하신 분이다. 그 이야기에는 진실과 거짓이 섞여 있지 않다. 조금도 틀림 없이, 모든 부분에 이르기까지 온전히 참되다. 다만 한 가지 덧붙일 수 있다면, 우리가 들은 것(소문)은 분명 '참된 소식'(사실; 참조. 왕상 10:6)인데, 그 이야기의 절반조차 아직 다 전해지지 않았다.

인간이 상상으로 빚은 어떤 이야기보다도, 또 인간의 역사 속에서 일어난 어떤 사건보다도 이보다 더 놀라운 일은 결코 없었다. '허구보다 더 낯설고 놀라운' 이야기다. 그런데도 모든 것이 단순하다. 매력을 더하려고 인위적인 색채를 덧입힌 일이 없다. 성경은 언제나 이렇게 전제한다. 곧, 진리는 감동이나 흥미를 위해 거짓의 힘을 빌리지 않는다.

이 이야기는 놀라울 뿐 아니라, 참으로 복된 이야기다. 그 안에는 하나님이 우리에게 손을 내미신 우정의 제안이 담겨 있다. 그 이야기는 평화를 전한다. 값 주고 사신, 완전하게 이루어진 평화다. 하나님의 중재자께서 이루신, 죄인과 하나님 사이의 평화, 또 땅과 하늘 사이의 평화다. 그 이야기는 쉼을 가리킨다. 지친 사람을 위한 참된 안식을 말한다. 그 목적은 우리를 하나님의 기쁨으로 채우고, 우리를 하나님의 복되심에 참여시키는 것이다. 우리가 이 이야기를 들을 때, 죄책의 무게는 우리의 어깨에서 풀려 나간다. 불안한 양심의 억눌림은 화해와 사랑의 자유로 바뀌어 간다.

은혜 이야기는 마음 이야기다. 그 감정을 기록하고, 보화를 열어 보여 주는 하나님의 마음 이야기다. 바로 이 이야기가 세상에 다시 햇살 같은 빛을 가져다주었다. 빛이 아직 어둠을 완전히 몰아내지는 않았지만, 이제 더는 한밤중이 아니다. "이는 우리 하나님의 긍휼로 인함이라 이로써 돋는 해가 위로부터 우리에게 임하여 어둠과 죽음의 그늘에 앉은 자에게 비치고 우리 발을 평강의 길로 인도하시리로다"(눅 1:78-79). 아침은 여전히 머뭇거린다. 마치 길어진 여명과 싸우는 듯하다. 또는 해가 일식 속에서 떠오르는 듯하다. 그러나 낮의 약속은 분명하다. 이미 정오가 가까이 와 있다.

바로 이 사랑 이야기가 수많은 영혼에 평화를 흘려보냈다. 수많은 양심으로부터 죄책의 짐을 풀어 주었다. 많은 상처를 치유했고, 부서진 마음을 싸맸다. 연약한 지체에게 힘을 북돋아 주었다. 고단한 이마에서 주름을 폈고, 희미해진 눈동자에 다시 빛을 불어넣었다. 이 이야기는 메마르고 슬픔 어린 세상에 마치 신선한 향기와 푸른 풀잎처럼 기쁨을 흩뿌렸다. 그 기쁨은 우리가 잃어버린 낙원을 아프게 떠올리게도 하지만, 동시에 더 나은 낙원에 대한 밝은 소망을 우리에게 약속한다. 그 낙원은 둘째 아담의 주권 아래, 광야가 장미처럼 환희에 차서 꽃피는 그날에 다시 열릴 것이다.

바로 이 사랑 이야기를 하나님이 에덴동산 때부터 지금까지 계속 들려주고 계시다. 하나님은 이 이야기를 '복음', 곧 '좋은 소식', '크고 기쁜 소식'이라 부르신다. 그리고 실제로 그렇다. 그러나 얼마나 적은 수의 사람이 이를 사랑 이야기로 받아들이는가. 그분의 진실하심을 인정하고, 경외함으로 응답하는 이들이 얼마나 드문가. "우리가 전한 것을 누가 믿었느냐 여호와의 팔이 누구에게 나타났느냐"(사 53:1).

나는 이 책에서 이 놀라운 이야기의 한 부분을 펼쳐 보이고자 했다. 곧, 하나님이 인류의 첫 조상에게 알려 주신 그 이야기다. 그러나 이 단편 속에 은혜의 전체 이야기를 조망하는 개요가 담겨 있다. 이 이야기는 한편으로 에덴동산 안에서, 다른 한편으로 에덴동산 밖에서 전해졌다. 하나님이 에덴동산에서 사람을 쫓아내시기 전에도, 그리고 그 이후에도 계속해서 전해졌다. 나는 이 두 장면을 함께 그려 보려 했다.

나는 이 글을 모든 계층과 모든 세대를 위해 썼다. 그러나 고백하건대, 글을 써 내려가면서, 자주 시선이 오늘날의 젊은 세대에게 향하곤 했다. 갓 청년이 된 이들이, 저마다 자기만의 웅덩이를 파고 있다. 그러나 그 웅덩이는 파는 즉시 무너지고 만다. 그들은 간절히 묻는다. "누가 우리에게 좋은 것을 보여 줄까?"

이들 중 많은 청년이, 지금의 악한 세상이 주는 매혹에 사로잡혀 있다. 세상의 잔은 달콤하기만 하고, 그들은 그 맛을 오래도록 즐기기 원한다. '육신의 정욕'과 '안목의 정욕'과 '이생의 자랑'에 점점 멀리 이끌려 가고 있다. 삶은 마치 한여름의 새벽처럼 열린 듯하다. 그 밝음을 마음껏 누리고 싶어 안달한다. 그러면서 자기 길을 막는 모든 장애를 참지 못한다. 어쩌면 황금에 대한 갈망이 이미 그들을 사로잡아, 크고 고결하며 거룩한 모든 것에 마음을 닫게 했을지도 모른다. 또는 세속적 낭만의 환상이 그들의 눈을 어지럽히고 있을지도 모른다. 노래와 웃음으로 가득 찬 이 세상, 시와 선율로 포장된 이 땅. 바로 그것이, 영혼을 유혹하고 막 피어나는 마음을 사로잡고 있다.

그들은 이 시대의 어떤 범신론 시인의 노래에 담긴 정서를 그대로 들이마시고 있다.

> 기쁨에 부푼 가슴은
> 사랑의 세계를 담기엔 너무도 좁고
> 꿈꾸는 하늘 안에 머물며
> 신들의 낙원을 부러워하지 않는다.

그러니 그들의 마음을 하나님께 돌이키게 하거나, 그 귀를 하나님의 음성에 기울이게 하기가 이렇게 어려운 것이 놀랄 일은 아니다. '종교'라는 말 자체는 그들을 싸늘하게 만든다. 때로 그 용어에 짜증을 내기도 한다.

그러나 우리는 과연 이대로 그들이 자신의 생명을 낭비하도록 내버려두어야 하겠는가? 그들의 굶주린 영혼이 세상 쭉정이나 독으로 배를 채우기를 허락해야 하겠는가? 우리는 그들에게 말해야 한다. 즐거움은 오직 그 눈부신 세속 세계에만 있지 않다고. 그들은 슬프고도 치명적인 착각을 하고 있다고 말이다. 기쁨은 그곳 말고도 있다. 그들이 지금껏 한 번도 맛보지 못한, 더 순전하고 더 깊은 기쁨이 있다. 사랑도 있다. 이 땅의 사랑보다 훨씬 더 깊고, 더 참된 사랑이 있다. 이 세상 최고의 낭만꾼조차도 감히 따라올 수 없는 사랑 이야기가 있다. 우리는 바로 그 무한한 사랑 이야기에 그들이 귀를 기울이도록 초대해야 한다.

 이 이야기는 수많은 시대를 관통해 흐르고 있다. 그 흐름 속에서, 이야기는 점점 더 자세하고 깊게, 온 세상을 향해 넓게 펼쳐지고 있다. 나는 그 이야기를 한 지점에서 붙들고자 했다. 곧, 인간의 죄가 이 땅에 드리운 어둠 속에서 그 이야기가 찬란한 빛으로 솟아오르기 시작했던 그 순간에서 말이다.

 이후로 그 이야기가 어떻게 이어졌는지는 믿음의 조상들과 선지자들, 또한 사도들이 들려준 여정을 통해 알 수 있다. 무엇보다도 아버지의 품속에 계시다가 하늘의 은혜를 전하기 위해 이 땅에 오신 분께서 친히 선포하신 이야기야말로 그 중심에 있다. 이 모든 것을 추적해 나가다 보면, 이 작은 책의 분량을 훨씬 넘어설 수밖에 없다. 그러나 이 주제는 너무도 풍성하고 충만하여, 하나님이 허락하신다면 언젠가 반드시 다시 다루게 될 것이다.

             1847년 11월, 켈소에서

The Story of Grace

1

하나님이
에덴에서 들려주신
선 이야기

고요한 하늘을 오가는 수많은 행성 가운데, 하나님이 특별한 관심을 기울이신 별 하나가 있다. 그 별에는 하나님이 펼치고자 하시는 어떤 거대한 계획이 존재하는 듯했다. 그분이 그 별을 지으실 때 쏟은 수고와 완성 후에 드러내신 기쁨을 보면 분명히 알 수 있다. 그분은 그 안에서 어떤 위대한 구조물의 기초를 놓고 계셨고, 어떤 장엄한 체계의 중심을 정하고 계셨다. 또 그분은 영원한 미래에 걸쳐 온 우주의 질서를 세우기 위한 계획과 모형을 준비하고 계셨다.

우리는 그 별을 지구라 부르고, 우리의 고향 별이라고 말한다. 우리는 그곳에서 태어났다. 나아가 그곳에서 더 나은 탄생, 곧 거듭남의 은혜를 얻는다. 우리는 그곳에서 살아가며 사랑하고, 슬퍼하고 기뻐한다. 우리는 그곳에서 흙으로 돌아가 누우며, 그곳에서 부활의 나팔 소리를 기다린다. 우리 주님이 나타나실 때, 그 나팔 소리가 울려 퍼질 것이다.

그러므로 이제 우리의 고향인 이 행성의 역사를 읽어 보자. 하나님의 손에서 아름답게 솟아오른 그 순간부터 이 땅이 들려주는 이야기에 귀를 기울여 보자.

이 땅에 거하는 우리는 멀리 떨어진 세계로부터 온 불완전한 소식을 받는 자가 아니다. 우리는 이 놀라운 광경의 한가운데 있다. 우리는 눈앞에 있는 모든 것의 뿌리와 시작을 탐구할 수 있다. 굽이굽이 흐르는 강줄기를 따라가다 보면, 마침내 그 근원에 이르게 된다. 햇살이 가장 맑고 생생하게 비추는 외딴 산골짜기에서, 그곳의 완연한 초록 잔디 가장자리에서 우리는 그 맑은 샘물을 만날 것이다.

이 땅은 창조주의 손에서 빚어져 나올 때부터, 전적으로 아름다웠다. 그분은 이 세상을 지은 후 느낀 기쁨과 만족을 우리에게 말씀해 주셨다. "보시기에 좋았더라." 아니, "심히 좋았더라"(창 1:31). 창조주께서 만드신 그 대기에 축복만이 숨 쉬었다. 그 빛 속에 복됨만이 찬란히 비추었다. 하나님이 온전히 기뻐하실 수 있는 세계였다. 그 표면 어디에도, 거룩하신 하나님의 눈을 거스르게 할 만한 한 점의 오염도 없었다.

그 땅의 푸르름을 해치는 병충해도 없었다. 꽃을 시들게 할 소멸의 기운도 없었다. 햇살에는 생기가 넘쳤다. 신선하고 부드러운 공기에는 향기로운 치유의 기운이 깃들었다. 창공을 어둠으로 덮는 구름도 없었다. 헛되이 번개를 쌓아 두는 무거운 하늘도 없었다. 숲을 덮치는 폭풍도, 복된 해안을 감싼 바다를 휘젓는 거센 바람도 존재하지 않았다. 모든 것은 아름다웠고, 완전했다. 보이는 모든 것, 들리는 모든 소리마다 평안과 기쁨이 가득했다.

인간 역시 거룩했다. 그는 죄가 무엇인지 알지 못했다. 또 그는 그토록 아름다운 세상에 악이라는 것이 들어올 수 있으리라고는 전혀 상상할 수 없었다. 그는 세상을 선하고 완전한 것으로 바라보았다. 그래서 그 완전함이 상실되거나 훼손될 수 있음을 이해하지 못했다. 낙원은 그를 위해 존재했고, 그는 낙원을 위해 지어졌다.

거주자와 그 거처는 서로 완벽하게 어울렸다. 존재의 외면과 내면은 모든 구성과 비율과 운동에서 서로 꼭 들어맞았다. 하나님도 그와 늘 함께하셨다. 이 놀라운 땅과 무한한 하늘을 지으신 창조주께서 그와 대화를 나누시고, 그를 가르치시며, 빛과 사랑으로 복을 주셨다. 하나님은 창조 사역을 마치고 안식하신 후, 인간과 교제를 나누기 위해 친히 내려오셨다.

일곱째 날 새벽이 평화롭게 밝아 왔다. 바로 하나님의 평화였다. 그곳에 안식일의 고요함이 있었다. 그 안식은 하늘의 천사들이 지키는 안식일처럼 거룩하고 평화로웠다. 그러나 그 이후로 땅은 다시는 그런 안식일의 기쁨을 맛본 적이 없다. 하지만 우리는 안다. 둘째 아담이 다시 오셔서 만물을 새롭게 하실 때, 그날은 다시 올 것이다.

바로 그때, 그리고 바로 그 방식으로, 하나님이 이 땅에 그분의 선 이야기를 들려주셨다. "그의 선하심이 어찌 그리 위대한가!" 이 고백은 모든 피조물로부터 터져 나오는 살아 있는 찬양이다. 하나님은 오래전부터 하늘에서 이 이야기를 들려주셨다. 들려줄 존재가 생긴 그때부터, 곧 복된 천사들로 하늘을 채우신 그때부터 말이다.

하나님이 하늘에서 그 이야기를 어떻게 들려주셨는지, 그 이야기가 얼마나 오랜 세월을 거쳐 흘러왔는지, 우리는 알지 못한다. 그것에 대한 기록은 전해지지 않았다. 그러나 하나님은 이 이야기를 다른 곳에서도 천사들 외의 다른 존재에게도 들려주려는 뜻을 가지고 계셨다. 그 목적을 위해 하나님은 이 땅을 탄생시키셨다. 이 땅에서, 그분은 자신의 선하심을 다시 이야기하실 것이다. 그 이야기가 새로운 형태로 또 하나의 세계를 순환하며 퍼져나가도록 그분은 그렇게 계획하셨다. 그리하여 마침내 그분의 영광스러운 선하심이 얼마나 위대한지 더 널리 알리고자 하셨다.

땅 위의 모든 복된 장면은 하나님의 선하심을 소리 높여 증언했다. 하늘 위의 모든 맑은 별 하나하나, 땅의 모든 아름답고 풍성한 꽃마다, 그분의 선 이야기를 들려주었다. 그 이야기는 온 땅에 기록되어 있었다. 누구나 볼 수 있도록, 누구나 들을 수 있도록. 그 글씨는 뚜렷하고, 그 음성은 또렷했다. 모든 장면은 그 이야기를 자신만의 언어로 조용히 노래하고 있었다. 창조 세계의 얼굴 위를 오가던 아름다운 화음 소리마다 한목소리로 선 이야기를 선명하게 전했다.

"날은 날에게 말하고
밤은 밤에게 지식을 전하니"(시 19:2).

이 얼마나 놀라운 이야기인가! 이 얼마나 풍성하고, 광대하며, 다양하고도 깊은 이야기인가! 하나님이 매일 매 순간 이 이야기를 사람에게 들려주셨다. 사람이 하나님 안에서 더욱 깊이 기뻐하고, 그 영혼의 참된 몫이 무엇인지 알도록 말이다. 모든 선이 흘러나오는 무한하신 분의 은혜가 그들 영혼의 진정한 분깃임을 사람으로 깨닫게 하기 원하셨다. 그래서 시간마다, 순간마다 인간은 이렇게 노래할 수 있었다.

> "여호와 우리 주여
> 주의 이름이 온 땅에 어찌 그리 아름다운지요
> 주의 영광이 하늘을 덮었나이다"(시 8:1).

> "우리 주 하나님이여
> 영광과 존귀와 권능을 받으시는 것이 합당하오니
> 주께서 만물을 지으신지라
> 만물이 주의 뜻대로 있었고
> 또 지으심을 받았나이다"(계 4:11).

> "하나님 곧 전능하신 이시여
> 하시는 일이 크고 놀라우시도다"(계 15:3).

이 모든 것 속에서 하나님은 단지 지혜와 능력만 드러내신 것이 아니다. 그분은 자신의 선하심을 보여 주셨다. 곧, 하나님이 인간에게 자신의 마음을 열어 보이셨다. 오직 하나님의 마음을 아는 것만이 인간을 진정으로 복되게 할 수 있기 때문이다.

인간은 하나님에 관해 많은 것을 알 수 있다. 그러나 만일 이 한 가지, 곧 자신을 지으신 분의 마음이 그를 향해 사랑으로 뛴다는 사실을 알지 못한다면, 그는 결코 참된 기쁨을 누릴 수 없다. 모든 것은 여기에 달려 있다. 이것이 바로 생명이다. 그리고 이것 없이, 생명은 존재할 수 없다. 이야말로 존재의 참된 매혹이다. 이것이 없다면, 존재란 그저 공허할 뿐 아니라, 그보다 더 두려운 것, 곧 저주가 될 뿐이다!

아무리 완전하다 해도, 하나님의 마음과 분리된 행위는 우리를 참으로 기쁘게 할 수 없다. 아무리 하나님의 지혜와 위대하심, 장엄하심에 대한 지식을 가졌다 해도, 그 자체는 우리의 영혼을 평안으로 충만하게 하지 못한다. 만일 그것들이 하나님의 아버지 되심, 곧 부성적 사랑의 마음과 분리되어 있다면, 그 지식은 우리를 두렵게 만들 뿐이다.

우리가 참으로 소유해야 할 분은 하늘에 계신 우리 영혼의 아버지이신 하나님 그분이시다. 하나님의 크신 선물들도 그분 자신과 분리된다면, 우리에게 아무런 의미가 없다. 그 선물들은 본래 귀한 것이지만, 그분과 분리된 채로 우리를 만족시키거나 축복할 수 없다. 인간의 영혼을 충족시키는 것은 그분이 주신 선물의 아름다움이 아니라, 그 선물을 주시는 분의 사랑이다. 이 주제를 조금 더 분명하게 살펴보도록 하겠다.

나는 저 위로 푸르게 펼쳐진 하늘을 올려다본다. 그 하늘은 눈부시게 나를 덮고 있으며, 흠 하나 없이 맑고 순결하다. 지평선에서 정점에 이르기까지, 그 푸른 원은 그 자체로 완전한 아름다움을 지닌다. 그 광활한 창공의 어느 한구석에도 결함이 없다. 나는 그 하늘에 감탄하지 않을 수 없다. 그리고 그 아름다움을 설계한 지혜로운 마음과 그 광휘를 색칠하신 창조주의 손길을 더욱 더 경외하게 된다.

그러나 이것이 나를 일깨우는 전부일까? 만일 그렇다면, 마치 그 의미를 해석할 능력 없이, 단지 아름답게 쓰인 문자들만을 감탄하며 바라보는 사람과 같을 것이다. 결코 그것이 전부가 아니다. 그 안에 훨씬 더 많은 것이 담겨 있다.

저 찬란한 창공은 무한한 지성의 표시일 뿐 아니라, 동시에 무한한 마음의 표현이기도 하다. 그 하늘은 사랑으로 빛나고, 아버지의 미소로 반짝인다. 나는 하나님이 행하신 일의 자비로움과 그분 마음의 자비로움을 분리할 수 없다. 분리할 수 없을 뿐만 아니라, 분리해서도 안 된다.

나는 하나님의 손길 속에서 그분의 마음을 읽지 않을 수 없다. 이 하늘은 나를 지으신 분의 마음이 어떠한지 가장 분명하게 증언하고 있다. 그분의 마음이 내게 어떻게 향하는지, 그분이 나를 향해 얼마나 깊고 강렬한 애정과 관심으로 몸을 기울이시는지 보여 준다. 그 사랑의 깊이는 과소평가할 수도 없고, 과대평가할 수도 없다. 그분의 마음은 그만큼 무한하고, 무한히 귀하다. 그리고 바로 이것이 나를 기쁘게 한다. 바로 이것이 내 영혼의 온기이며, 내 존재의 맥박 그 자체이다.

나를 감싸는 저 푸른 하늘은 영원하신 하나님의 팔이 나를 안고 계심을 느끼게 한다. 그 하늘 빛의 모든 반짝임은 내 마음을 깊이 떨리게 한다. 그 떨림은 이 세상에서 가장 다정한 사랑을 소유하고 있다는 의식보다도 더 깊고 충만한 기쁨과 만족을 안겨 준다.

또다시 나는 산기슭을 따라 거닌다. 누구의 손길도 닿지 않고, 아무 눈길도 닿지 않는 곳에 들꽃이 피어난다. 나는 그곳에서 한 무리의 자줏빛 야생화를 집어 든다. 마치 수천 개의 눈과 마주친 듯, 기꺼이 피어난 그 꽃송이……. 얼마나 아름답고, 얼마나 완전한가! 그러나 그것은 내게 무엇을 말하는가? 하나님의 지혜다. 그러나 그것이 전부인가? 결코 아니다.

그 풍성한 색과 섬세한 조화는 단지 하나님의 이해력과 지성만을 말하는 것이 아니다. 그분의 마음이 들리지 않는가? 우리는 그 자줏빛 꽃송이를 바라보며 단지 이렇게만 말하지 않을 것이다. "이 꽃이 그토록 아름답다면, 그 모든 아름다움의 근원인 그분은 얼마나 더 영광스러우실까!" 나아가 우리는 더 깊이 이렇게 고백한다. "우리를 위해 이 세상을 지으시면서, 그 황량한 들판마저도 이토록 아름답고 향기롭게 만드신 그분의 마음은 얼마나 깊고 섬세한가!"

하나님이 하신 모든 일 가운데서도, 그분은 끊임없이 우리를 생각하고 계셨다. 우리의 안락함, 우리의 기쁨, 우리의 행복을 위한 배려로 가득하다. 나뭇잎 하나하나마다, 꽃잎 하나하나마다, 향기 하나하나마다, 빛깔 하나하나마다, 그분은 마치 항상 우리를 염두에 두고, 어떻게 하면 우리가 가장 행복할지 생각하셨던 것 같다. 우리를 그분의 세계 한가운데 두고자 하셨던 그 뜻 안에서, 그분은 자신의 마음을 아낌없이 쏟아부으셨다.

하나님이 행하신 일을 통해 드러난 그분의 마음을 바라볼 때, 우리는 비로소 그 참된 의미에 도달하게 된다. 그분의 작품이 말하고자 한 이야기를 이해하게 된다. 그것은 하나님의 마음에 관한 이야기다.

이 땅에 하나님이 친히 들려주신 그분의 선에 관한 이야기야말로 인간을 복되게 했다. 피조물의 기쁨은 사랑 그 자체이신 창조주에 관해 아는 만큼 흘러나왔다. 인간을 기쁘게 했던 것은 에덴 그 자체가 아니었다. 에덴이 말하던 하나님이 바로 그의 기쁨이었다. 죄 없는 세상의 하늘이 그의 눈을 반짝이게 한 것도 하늘 그 자체 때문이 아니었다. 그는 그 하늘 속에서 풍성히 빛나는 하나님의 선하심을 바라보았다.

모든 피조물은 하나님을 나타내 아담에게 기쁨을 주었고, 그분과의 교제로 그를 이끌었다. 하나님을 아는 것, 그야말로 인간이 복되기 위해 필요한 전부였다. 그리고 그 하나님과의 친밀한 사귐은 그를 둘러싼 모든 장면마다 그를 더 깊이 그분께로 인도하도록 설계되어 있었다.

에덴동산에서 타락하기 전 아담은 자기 자신을 생각하거나, 자신의 탁월함을 묵상하는 데서 기쁨을 얻지 않았다. 그는 이렇게 말하지 않았다. "나는 거룩한 존재다. 나는 한 번도 죄를 지은 적이 없다. 나는 항상 하나님께 순종해 왔다. 그러니 나는 행복할 자격이 충분하다." 아니다. 그의 기쁨은 오직 하나님 안에 있었다. 그리고 바로 하나님을 생각할 때, 그 기쁨이 그에게 흘러들어 왔다. 그는 무한하신 분, 곧 모든 것 되시는 하나님을 더 많이 알면 알수록, 더 깊이 행복해졌다. 자기를 잊고 하나님을 기억하는 것, 그것이야말로 그의 진정한 기쁨이었다.

하나님의 마음을 향한 새로운 통찰은 그에게 더 큰 기쁨이 되었다. 그것은 에덴동산 안에서 새롭게 솟아나는 기쁨의 샘물이었다. 하나님의 은혜는 그의 존재를 밝히는 햇살이었다. 그 은혜를 더욱 온전히 증언하는 모든 것이 햇살처럼 빛나며, 그의 영혼 안으로 생명의 새 강줄기를 흘려보냈다.

　에덴에서, 그리고 하늘에서처럼, 하나님은 '모든 것이요, 만유 안에 계신 분'이다. 살아 계신 하나님, 인격적 존재이신 여호와! 인간은 그분 안에서 살며, 움직이며, 존재한다. 어떤 독일 시인이 창조에 관해 이렇게 노래했을 때, 어쩌면 그는 이를 전하려 했는지도 모른다.

나의 불타는 생각으로, 세상도 불타올랐고
그 고요함은 거룩한 언어로 떨며 응답했다.
그 입술은 내 뜨거운 입맞춤을 되돌려 주었고
그 심장은 내 심장에 맞추어 고동쳤다.
그때, 꽃은 얼마나 아름다웠던가! 나무는 얼마나 찬란했는가!
은빛처럼 맑은 물줄기 소리는 얼마나 달콤했던가!
영혼 없는 것들이 내게는 영혼을 가진 듯 다가왔고
나의 생명은 그 생명이 되어, 온 세상에 그 생명을 불어넣었다.

　그러나 이 시구가 얼마나 아름답든지, 시인은 참된 핵심을 정확히 짚지는 못한다. 적어도, 진리의 절반밖에 담고 있지 않다.

아담이 에덴에서 바라본 것은 단지 '신성'(神性)이라는 어떤 추상적인 원리나 개념이 아니다. 그는 한 분 살아 계신 여호와 하나님, 실재하며 인격적인 친구를 보았다. 그는 그 복된 동산에서 하나님과 손을 맞잡고 함께 거닐며, 얼굴과 얼굴을 마주하여 대화하는 삶을 살았다. 이는 그 시인이 알지 못했던 차원이다. 시인은 피조 세계 속에서 살아계신 하나님을 보는 것이 아니라, 오히려 모든 피조물을 살아 계신 하나님처럼 숭배하고 있다.

인간이 창조 세계 속에서 알도록 부름받은 분은 단순한 이름이 아니시다. 단지 어떤 속성들이 덧입혀진 그림자도 아니시며, 추상적으로 불리는 '신'이라는 개념도 아니시다. 그분은 바로 우주의 생명이시며, 존재 가운데 가장 참된 존재, 영원히 스스로 계시는 분, '스스로 있는 자'이시다. 바로 그분을 인간은 에덴동산에서 직접 만나 뵈었다. 그는 그분에 대해 모든 피조물이 얼마나 복되게 증언하고 있는지 온전히 들을 수 있었다.

독자여, 특히 젊은 독자여! 이 에덴의 빛나는 장면은 아직 다 열리지 않은 그대의 마음에 더욱 깊이 말을 거는 듯하다. 그러니 잠시 진지하게 묻고 싶다. 이 무한하신 존재가 그대의 하나님이신가? 그분의 은혜가 그대의 생명이며, 그분의 미소가 그대의 보물이며, 그분과의 우정이 그대에게 전부인가?

그분 자신 안에서 그대의 기쁨을 발견한 적이 있는가? 그대는 그분의 창조 세계를 하나님 안에서 더 깊은 기쁨을 누리기 위한 통로로 사용하는가? 아니면 그분 없이도 행복해지려는 무서운 목적으로 그것을 왜곡하는가? 그 피조물은 그대를 하나님께로 이끄는가? 아니면 오히려 하나님을 그대에게서 가리는가?

그대는 그것이 하나님에 대한 새로운 발견을 안겨 주기 때문에 귀히 여기는가? 아니면, 그대 내면의 공허함을 메우고, 이제 더는 하나님을 필요로 하지 않게 하는 도구로 삼고 있는가? 그분이 지으신 저 산들(그대의 젊고 탄력 있는 발걸음이 오르기를 즐기는 그 산들), 그것들을 지으신 분이 바로 그분이시다. 그대의 발걸음이 즐겨 걷는 저 강가에 맑은 물을 부어 흐르게 하신 분도 그분이시다. 또 밝은 태양과 함께 찾아오는 기쁨의 낮, 별들로 수놓인 경건한 밤, 그 모든 시간을 지으신 분도 바로 그분이시다.

그렇다면, 이 모든 것을 그대를 위해 지으신 분은 과연 어떤 분이겠는가? 그대의 몫으로 주어지는 그분의 은혜는 얼마나 놀랍겠는가! 그분의 미소에는 얼마나 끝없는 기쁨이 담겨 있겠는가! 그분과의 교제 속에서 누리는 삶이란 이 땅 위의 천국이 아니고 무엇이겠는가! 타락하기 이전 그대의 첫 조상은 하나님 한분만으로 충분했다. 그렇다면, 지금의 그대에게도 하나님이면 충분하지 않겠는가!

2

하나님의 이야기를
방해한 사람

이 기쁨의 장면은 오래 지속되지 않았다. 인간은 아직 그것을 제대로 맛보기도 전에 벌써 싫증이라도 난 듯, 그 기쁨 가운데 불쑥 끼어들었다. 인간은 하나님이 이 땅 위에서 들려주시던 선 이야기를 가로막았다. 그는 죄를 지었다. 이야기는 멈추었고, 선을 전하던 음성은 그 즉시 사라져 버렸다.

실로 이상한 일이었다. 사람에게서 비롯된 참으로 기이한 일이었다. 인간은 그토록 충만하게 하나님 안에서 누린 복됨에 너무도 빨리 싫증을 냈다. 하나님을 향한 그 싫증은 참으로 낯설고 불가해하다. 만일 하나님이 자신의 선하심을 사람에게 들려주는 일에 지치셨다면, (인간의 거듭된 무응답, 무관심, 반역을 고려할 때) 이상한 일이 아니었을 것이다. 그러나 놀랍게도 사람이 그렇게 빨리, 그렇게 쉽게, 하나님이 들려주시는 이야기에 지쳐 버렸다니.

에덴에서 그랬고, 그 이후로도 언제나 그랬다. 하나님은 단 한 번도 사람에게 이렇게 말씀하신 적이 없다. "나는 네게 지쳤다. 내게서 떠나가라." 그러나 사람은 얼마나 자주 하나님께 이렇게 말해 왔는가! "나는 주께 지쳤습니다. 나는 주의 길을 알기를 원하지 않습니다"(참조. 욥 21:14, 렘 2:31). 아마도 아담은 에덴 자체에 지치지 않았을 것이다. 그러나 그는 어디서나 자신을 찾아오시는 하나님, 모든 잎사귀와 꽃으로 말씀하시는 그 하나님께 지쳐 버렸다.

아담의 싫증은 곧바로 드러났다. 그는 손을 뻗어, 하나님이 금하신 나무의 열매를 따 먹었다. 바로 하나님이 "너는 그것을 먹지 말라."고 말씀하신 그 열매를. 이 행동은 무엇을 의미하는가? 그가 하나님께 지쳤다는 것이다. 그리고 이제 그는 선물을 주신 분보다, 선물 자체를 더 선호하게 되었다. 그 선물을 얻기 위해서라면, 선물 주신 분의 호의마저도 기꺼이 포기했다.

하나님이 그 열매를 금하신 이유는 그를 해치기 위해서가 아니었다. 그에게 잘못하신 것도 아니었다. 다만 하나님은 그를 공개적인 시험대 앞에 세우신 것이었다. 곧, 이렇게 말씀하신 것이다. "어디 한번 보자. 네가 선물보다 선물을 준 나를 더 귀하게 여기는지, 너의 눈에 더 소중한 것이 무엇인지."

한동안은 선물을 주신 분이 전부였다. 선물은 하나님 앞에서 아무것도 아니었다. 그러나 그 선택은 곧 흔들리기 시작했다. 아담의 눈은 선악을 알게 하는 열매의 아름다움에 끌렸다. 마음으로 그것을 탐내기 시작했다. 그 순간, 그에게 하나님이 그의 열망을 가로막는 장애물처럼 보였다. 그의 마음이 속삭였다. "이게 무슨 선하심인가? 정녕 그는 혹독한 주인이 아니신가?"

그때 불신이 그의 마음을 이겼다. 그는 손을 뻗어, 나무를 붙들었다. 그 열매가 그의 하나님이 되었다. 그는 하나님보다 그 열매에 더 큰 욕망을 품었다. 그는 하나님의 선에 관한 이야기에 귀를 닫았다. 아니, 그 이야기가 진실이 아니라고 부정했다. 그의 불순종은 이렇게 말하고 있었다. "하나님의 선하심은 겉치레에 불과해. 그 모든 이야기는 다 거짓이야!"

그는 하나님을 거짓말쟁이로 만들었다. 그를 둘러싸고 선을 속삭이던 수많은 목소리를 거짓말로 만들었다. 그는 거룩한 아름다움으로 가득한 에덴이 모두 진실이 아니라고 말한 것이다. "이 꽃들이 아무리 뭐라고 하든, 하나님은 선하시지 않아. 이 별들이 아무리 노래해도 하나님은 선하시지 않아. 내가 갈망하는 열매를 금하셨으니, 하나님은 혹독한 주인이야."

아담은 마귀의 말을 믿었다. 자기 마음속의 속삭임을 받아들였다. 하나님을 등지고, 그는 선물 주신 분을 멀리했다. 창조주를 거부하고, 그분이 만드신 작은 열매 한 조각을 하나님의 자리에 올려놓고, 이렇게 말했다. "네가 내 하나님이 되어라!"

이렇게 사람은 하나님이 들려주신 선 이야기를 끊어 버렸다. 그는 더 이상 그 이야기를 듣고 싶지 않았다. 그는 생각하지 못했다. 아직 얼마나 많은 이야기가 남아 있는지, 그 이야기가 계속된다면, 얼마나 많은 복이 그 앞에 열렸을지를. 그는 하나님과 그분의 음성을 등졌다. 마치 이미 충분히 들은 것처럼.

그러나 하나님은 조롱당하시는 분이 아니다. 그분이 사람에게 들려주신 이야기는 참된 이야기였다. 그분은 자신의 말씀을 의심받게 버려두시지 않았다. 하나님은 그분의 선하심이 그 손으로 지으신 피조물에 의해 부정당하는 것을 결코 용납하실 수 없었다. 게다가 하나님은 거룩하신 분이다. 그러므로 그분은 이 흉측한 죄악을 미워하시지 않을 수 없었다. 그분은 이 죄를 아무렇지도 않게 넘기실 수 없었다. 마치 그것이 그분과 아무 상관없는 일인 양 침묵하실 수 없었다.

이제 하나님은 사람이 이전에는 결코 들어보지 못했던 새로운 음성으로 말씀하셔야 했다. 이 새로운 음성은 사람에게 그가 행한 일이 하나님께 얼마나 큰 미움을 불러일으켰는지 알려주었다.

이 거룩한 진노의 음성 역시, 하나님의 손으로 지으신 모든 피조물 속에서 흘러나와야 했다. 그때까지 모든 피조물은 하나님의 선하심을 증언하고 있었다. 그러나 이제 그분의 의로우심을 증언하기 시작했다. 창조의 각 부분은 저마다 하나님의 메시지를 말해야 했고, 온 피조 세계는 사람의 귀에 이렇게 들리도록 외쳐야 했다.

> "주께서는 눈이 정결하시므로 악을 차마 보지 못하시며 패역을 차마 보지 못하시거늘"(합 1:13).

> "죄의 삯은 사망이요"(롬 6:23).

> "율법 책에 기록된 대로
> 모든 일을 항상 행하지 아니하는 자는
> 저주 아래에 있는 자라"(갈 3:10).

그렇게 온 세상이(이전에 하나님의 선하심을 전 우주적으로 증언하던 그 세계가) 이제 그분 안에 선하심만 있지 않다고 말해야 했다. 하나님께는 '의로우심'이라는 또 하나의 본질이 있으며, 그분은 '의'를 사랑하고 '악'을 미워하신다는 사실을 피조물 전체에 알려야 했다.

하나님이 그토록 죄를 미워하신다는 사실을 드러내기 위해 죄가 사망에 이르기까지 왕 노릇 하게 되었다. 다시 말해, 죄의 모든 형태는 반드시 사망이라는 결말을 초래한다고 하나님이 선언하셨다. 이것이 바로 하나님이 피조 세계 위에 찍으신 불멸의 낙인이다. 하나님이 죄를 '가증히 여기심'을 사람이 분명히 알아야 했다.

이 일은 오래 걸리지도 않았다. 곧바로 효력을 발휘했다. 그 풍성한 음악을 쏟아내던 악기에서 하나님이 손을 거두시자, 곧바로 줄이 풀려 버렸다. 그러자 줄마다 불협화음과 슬픈 음률이 터져 나왔다.

하늘이 어두워지기 시작했다. 하나님의 얼굴을 가리려는 듯, 마치 세상이 더는 하나님이 눈을 두시기에 합당치 않은 곳이라는듯 말이다. 폭풍은 맹렬히 몰아쳤다. 마치 분노하신 하나님이 어떻게 말씀하시는지, 그분의 "큰 능력의 우렛소리"(욥 26:14)가 얼마나 두려운지, 인간더러 들으라고 외치는 듯했다. 초목은 시들고, 잎은 마르며, 잡초가 돋아나고, 꽃은 고개를 떨구었다. 피조물은 서로를 매섭게 노려보았다. 거친 소리가 오가며, 땅의 조화가 깨졌다. 세상은 마치 굵은 베옷을 입은 듯했다.

형언할 수 없는 재앙이 세상을 덮쳤고, 세상은 그 재앙을 슬퍼했다. 세상은 이제 고통의 심연 속에서 울부짖는 자처럼 보였다. 단 하룻밤만에 슬픔으로 머리카락이 하얗게 세고, 깨끗하던 이마가 노인처럼 깊게 주름져 버린 사람 같았다.

이렇게 하여, 하나님의 진노가 드러났다. 이 모든 슬픈 변화 속에서, 하나님이 인간의 죄악과 불순종에 대해 그분의 거룩한 분노를 무섭도록 분명하게 드러내셨다. 이제 인간은 깨달았다. "살아 계신 하나님의 손에 빠져 들어가는 것"(히 10:31)이 얼마나 무서운지 말이다.

그 저주는 여전히 이 세상 위에 머물러 있다. 하나님이 저주를 잠시만 허용하신 것이 아니다. 그 저주는 무섭도록 길게 지속된다. 처음 그 저주가 선포되었을 때만큼이나, 무덤과 어둠으로 가득한 이 가련하고 죽어가는 세상은 지금도 여전히 그 무한한 저주를 크게 외치고 있다. 그 저주가 완화되었다는 어떠한 징후도 없다. 하나님이 죄에 대해 내리신 맹렬한 진노가 줄어들었다는 어떠한 증거도 없다. 아니, 줄어들 수 없다. 꺼질 수 없다. 저주는 '영원'하다. "여호와는 의로우사 의로운 일을 좋아"(시 11:7) 하시기 때문이다.

아담의 자손이여, 그대가 아직 하나님의 자녀가 아니라면, 이 저주는 바로 당신 위에도 임했다! 당신 안에 있는 그 죄를 하나님은 미워하신다. 하나님은 그대가 그러하듯, 죄를 가볍게 여기시지 않는다. 만일 하나님이 그대처럼 죄를 가볍게 여기셨다면, 이 무겁고도 줄어들지 않는 저주를 무엇으로 설명할 수 있겠는가? 피조 세계의 신음은 무엇을 말하는가? 이 슬픔의 삶, 이 눈물의 유산은 무엇을 의미하는가? 질병의 고통과 병상의 뒤척임, 무덤의 끝없는 허기를 무엇으로 설명할 수 있는가? 끊어진 관계들과 쓰라린 작별 인사는 또 무엇을 말하는가?

이런 것들이 하늘에도 있는가? 죄가 들어간 적 없는 세계에도 이런 황폐함이 덮친 적 있는가? 선한 천사들이 이 땅을 방문할 때, 그들도 고통과 죽음의 상속자가 되는가? 그렇지 않다. 천사들에게는 죄가 없기 때문이다.

이 모든 고통은 바로 그대의 어두운 몫이다. 당신이 결코 피할 수 없는 몫이다. 왜냐하면, 당신은 죄를 지었기 때문이다! 그 저주받은 것이 그대에게 들러붙어 있다. 당신이 아무리 죄를 가볍게 여긴다 해도, 주위를 둘러보라. 고통받는 이 땅을 바라보거나, 자기 안을 깊이 들여다보라. 그러면 하나님이 죄를 어떻게 평가하시는지, 그분의 판단이 그대의 생각과 얼마나 다른지 배울 것이다.

그대가 밟는 마른 나뭇잎 하나, 그대 머리 위로 지나는 구름 하나, 당신의 육체를 찢는 고통 하나하나, 당신의 영혼을 어둡게

덮는 슬픔 하나하나. 이 모두가 그대에게 말하고 있다. 하나님은 죄의 어떤 형태도 용납하실 수 없다. 그대가 아무리 죄를 가볍게 여기고, 아무 해가 없는 것처럼 생각한다 할지라도 말이다.

죄의 사악함은 무한하다. 죄에 대한 하나님의 미움은 변하지 않는다. 그 미움은 절대적이다. 설령 가장 높은 천사라 할지라도, 그 옷자락에 죄의 얼룩이 조금이라도 묻어 있다면, 그에게 화가 있을 것이다!*

* "아, 죄, 죄란 곧 지옥입니다!" 깨어난 영혼이 쏟아낸 쓰라린 외침이었다. 그는 이 년 동안이나 해결되지 않은 죄의식 아래 신음했다. 누군가 그에게 물었다. "당신은 이제 마음속 죄악의 실체를 철저히 보셨습니까?" 그의 대답은 이러했다. "예, 나는 지옥의 밑바닥까지 내려가 보았습니다."

한편, 풀러는 자기 내면의 확신을 다음과 같이 말했다.

"죄책감에 찬 양심의 책망은 마치 지옥의 벌레처럼 내 속을 갉아먹는 듯했습니다. 과장된 표현이 아닙니다. 나는 그때 내가 느낀 죄악의 사악함과 하나님의 진노가 실제에는 한참 못 미친다는 것을 압니다. 그러나 그 감각만으로도 나는 거의 감당할 수 없었습니다.

내가 하나님 앞에서 어긴 모든 서원을 되돌아보며, 나는 내 안에 진실함이 없음을 보았습니다. 하나님이 나를 지옥에 보내시는 것이 전적으로 의로운 일이라는 사실을 뼈저리게 느꼈습니다. 또 내가 그저 전적인 은혜로 구원받지 않는 한, 반드시 지옥에 갈 수밖에 없음도 뼈저리게 느꼈습니다. 만일 하나님이 내 과거의 모든 죄를 용서하신다 해도, 나는 또다시 내 영혼을 망칠 것이라는 확신이 있었습니다. 단 하루도 채 되지 않아 그렇게 될 거라고 말입니다.

나는 이전까지 결코 자신이 얼마나 가증스럽고, 잃어버린 바된 죄인인지, 용서와 정결함 모두가 얼마나 절실히 필요한 존재인지 이토록 깊이 느껴본 적이 없었습니다. 나는 무엇을 해야 할지 몰랐습니다! 그러다 욥의 결단이 떠올랐습니다. '그가 나를 죽이실지라도, 나는 그를 신뢰하리라'(참조. 욥 13:15).

나는 이 말씀을 여러 번 되뇌었습니다. 한마디 한마디가 희미한 소망의 불꽃을 피워 올렸습니다. 그러자 나는 결단하게 되었습니다. 혹시나 가능하다면, 죽어가는 내 영혼을 주 예수 그리스도께 던져 구원을 구해야겠다고. 용서와 정결함 모두를 얻기 위해 말입니다.

나는 그 길에서 한 시간 넘게 계속 그렇게 걸었습니다. 눈물을 흘리며, 오직 구세주께 자비를 간구하며. (내 영혼은 지금도 그것을 기억하면 겸손해집니다.) 내 마음의 눈이 그분께 점점 더 고정될수록, 내 죄책감과 두려움은 점차 사라졌습니다. 그제야 나는 고통 많던 내 영혼에 참된 안식을 얻었습니다."

3

방해를 넘어
뜻을 이루신 하나님

왜 하나님은 이 모든 일을 즉시 끝내시지 않았는가? 혐오스러운 것이 눈에 띄면, 우리는 그것을 제거하거나 파괴해 버린다. 그렇다면 왜 하나님은 이 세상을 그대로 존속하셨는가? 왜 죄를 지은 인간이 여전히 그 땅에 살도록 허락하셨는가? 왜 하나님은 죄인을 붙잡아, 즉시 불못으로 던져 버리시지 않았는가? 왜 죄로 더럽혀진 땅을 불로 태워 없애시지 않았는가? 죄 이야기를 읽는 누구나 이런 질문을 자연스럽게 떠올릴 수 있다. 그리고 이 질문에 여러 대답이 주어질 수 있다. 어쩌면 성경 전체에서 하나님의 은혜에 기초한 구속 계획은 이 질문에 대한 하나님의 응답일 것이다.

하나님이 신속히 사람을 심판하시지 않고, 사람이 망친 이 세상을 곧바로 멸하시지 않은 데는 많은 이유가 있다. 성경을 읽는 누구라도 그 이유를 쉽게 찾을 것이다. 하나님의 진리의 말씀 곳곳에 기록되어 있기 때문이다.

하나님이 죄가 세상에 들어오는 것을 처음부터 허용하신 데는 그분만의 이유가 있다. 바로 그 이유로 인해 하나님은 죄의 흐름을 곧바로 멈추시지 않았다. 본 장의 내용을 따라가면, 그 이유가 점차 드러날 것이다. 먼저 여기서 우리는 몇 가지를 간단히 살펴보고자 한다.

하나님은 죄가 무엇인지 우리에게 보여 주고자 하셨다. 죄는 심각하고 무한한 악이다. 하나님은 죄를 감추거나 눈앞에서 쓸어버리는 방식으로 처리하시지 않았다. 그 대신, 온 우주가 죄를 똑똑히 바라보고, 그 혐오스러움을 직접 보게 하셨다. 그분은 한번 열린 죄의 수문(水門)을 곧바로 닫지 않으셨다. 오히려 죄가 스스로 그 본모습을 드러내고, 그 흉악한 모든 양태를 펼쳐 보이도록 허락하셨다. 하나님은 죄가 단 한 가지 형태로 나타나는 데 그치지 않고, 수없이 많고 다양한(수만 곱하기 수만 가지) 모습으로 드러나게 하신 것이다.*

하나님은 죄가 무엇인지 아시고, 죄 안에 무엇이 있는지도 아신다. 그러나 우리는 알지 못한다. 우리는 결코 스스로 알 수 없다. 우리는 죄를 반드시 직접 보고, 자세히 살펴보아야 한다. 그래서 죄는 온전히 펼쳐져야만 했다. 하나님은 그 단 하나의 작은 씨앗 속에 무엇이 들어 있는지 아신다. 그러나 우리는 알 수 없다. 우리는 '경계 없는 독성의 덩굴, 모든 것을 파괴하는 나무' 전체를 보지 못한다. 그래서 그 씨앗은 뿌리를 내리고, 싹을 틔우고, 자라나 열매를 맺고, 그 가지를 온 땅 위로 뻗게 되었다. 하나님은 우리가 이를 통해 '죄의 지극한 죄악 됨'을 보게 하셨다.

하나님은 피조물의 사악함을 드러내고자 하셨다. 하나님이 창조하신 인간은 단 한 가지 죄만을 범하는 것이 아니라, 수많은 죄를 범한다. 그는 단 하나의 영역에서만 하나님보다 선물을 더 사랑하는 것이 아니라, 모든 영역에서 그렇게 한다. 그는 단 한 가지 일에서만 창조주의 선하심을 의심하거나 부인하는 것이 아니라, 모든 일에서 그렇게 한다. 아니, 그는 하나님을 미워한다. 하나님을 조롱한다. 하나님께 도전한다. 그리고 마침내 완전히 무신론자가 될 것이다.

하나님이 인간을 악하게 만드신 것도 아니고, 그 마음을 부패시키신 것도 아니다. 전혀 그렇지 않다. 그분은 단지 인간이 누구인지 스스로 드러낼 시간을 허락하셨을 뿐이다. 그분은 다만 사람의 마음속에 이미 있던 혐오스러운 것들을 표면 위로 끌어올리셨을 뿐이다. 그리고 그것은 단 한 사람의 마음 상태가 아니다. 수많은 사람의 상태였다. 이 타락한 조상의 모든 자녀의 상태였다.

하나님은 죄와 죄 사이의 연계성을 보여 주고자 하셨다. 죄는 단지 한 번 저질러지고 나서, 흔적도 없이 사라지는 고립된 행위가 아니다. 죄는 필연적으로, 그 본질상, 수천 가지 다른 죄와 서로 얽혀 있다.

넓은 호수에 조그만 조약돌 하나를 던져 보라. 그러면 물결 하나가 인다. 그 물결은 동심원을 그리며, 계속 퍼져 나간다. 마침내 가장 먼 호숫가까지 이르러, 그곳에 닿을 때까지 멈추지 않는다. 죄도 그렇다. 심지어 우리가 흔히 '작은 죄'라고 여기는 단 하나의 죄조차도 그렇다. 그것이 수많은 죄악의 뿌리가 된다. 스스로 끝없이 증식하며, 그 영향력이 마치 호수의 잔물결처럼 측량할 수 없는 범위로 퍼져 나간다.

그러나 이 비유는 죄와 다른, 한 가지 결정적인 차이가 있다. 호수의 물결은 중심에서 멀어질수록 점차 희미해지고 낮아지지만, 죄는 그렇지 않다. 처음에는 잔잔한 물결에 불과했던 죄가 곧 거대한 물결로 부풀어 올라, 점점 더 높아진다. 마침내 죄는 영원이란 해안에 거칠게 부딪히는, 거대하고 어두운 산과 같은 물결이 된다.**

하나님은 피조물의 무기력함을 드러내고자 하셨다. 피조물인 인간은 죄를 지을 수는 있지만, 그 죄의 결과를 되돌릴 수는 없다. 그는 하늘과 땅을 잇는 연결고리를 끊을 수는 있지만, 그 끊어진 고리를 다시 엮을 수는 없다. 그는 스스로를 하늘에서 추방시킬 수 있지만, 그 잃어버린 하늘에 스스로는 다시 들어갈 수 없다. 그가 하나님의 임재 안으로 다시 들어오는 것을 막기 위해 하나님이 굳이 그를 소멸시키거나, 어둠의 사슬에 묶으셔야 하는 것은 아니다. 하나님이 그를 내버려두기만 하셔도, 그의 완전한 무능력이 충분히 드러난다.

하나님께로부터 오는 구원이 아니고서, 그는 결코 구원받을 수 없다. 그가 하나님으로부터 창조되었듯이, 그의 새 창조 또한 하나님에게서 오는 것을 명백히 해야 한다. 하나님이 처음 그를 지으셨다는 사실만 해도 실로 위대한 일이다. 그런데 하나님이 죄 가운데서 그를 다시 지으시다니, 이는 그보다 훨씬 더 위대한 일이다.

하나님은 그분의 전인격, 곧 무한하신 여호와의 성품을 온전히 드러내고자 하셨다. 지금이 바로 그 기회이다. 이제 그분이 자기 마음과 뜻 속에 담긴 모든 것을 온전히 드러내실 때가 되었다. 누군가가 병들기 전에는, 그분이 치유자이심을 알릴 수 없었다. 도움이 필요한 자가 있기 전에는, 그분이 구조자이심을 드러낼 수 없었다. 세상이 얼마나 깊이 타락하는지 알기 전에는, 그분이 세상을 새롭게 하시는 분임을 나타낼 수 없었다.

그러므로 그분의 뜻은 다시는 범죄함이 없도록 죄를 곧바로 막아 버리는 것이 아니다. 또 죄가 발생한 이 땅을 곧바로 멸하여, 어떠한 오염의 흔적도 남지 않게 하려는 것도 아니다. 오히려 하나님은 이 땅이 계속해서 존재하도록 허락하셨다. 그리고 그 속에서 자신의 무한한 마음과 뜻을 충만히 펼쳐 보일 기회를 스스로 마련하셨다.

하나님은 피조 세계를 더 견고하게 하려는 뜻을 가지셨다. 인간의 죄와 천사들의 죄를 통해, 피조물이 얼마나 불안정한 존재인지 입증되었다. 만일 인간 대신 세 번째 종족이 창조되었더라면, 그들 역시 또 다른 타락을 겪었을 것이다. 하나님은 피조물이 자신에게 가장 유리한 조건 아래서조차 얼마나 연약한지 이미 보여 주셨다. 그러므로 하나님은 창조를 더 이상 진행하시지 않았다. 그 대신 창조가 보다 깊은 기초 위에 놓이도록 근본적인 토대를 먼저 세우셨다.

하나님은 그 일을 실행하셨다. 곧, 자기 아들의 성육신을 통해, 피조 세계를 하나님 자신과 끊을 수 없는 연합의 끈으로 묶으셨다. "깊도다 하나님의 지혜와 지식의 풍성함이여, 그의 판단은 헤아리지 못할 것이며 그의 길은 찾지 못할 것이로다"(롬 11:33).

아마 이 글을 읽는 당신도 이 시대에 지식을 추구하는 사람 가운데 하나일 것이다. 그것은 분명 좋은 일이다. 하지만 여기에 모든 지식 가운데 가장 깊고 충만한 지식이 있다.

과학을 갈망하며, 그 높은 정상에 오르기를 바라는가? 그렇다면 이야말로 가장 먼저 배워야 할 학문이다. 참으로 신적인 지식이다. 창조 세계의 부분과 소화, 본실과 법직을 이해하려는 일은 과학이라 불린다. 많은 이가 그것을 열심히 추구한다. 그 지식은 결코 천하거나 하찮지 않다. 불멸의 영혼이 기쁨으로 사모할 수 있는 탐구이다.

그러나 만일 우주의 법칙이 연구할 만한 가치가 있다면, 그 법칙을 세우신 분은 얼마나 더 위대하겠는가? 이 땅의 신비롭고 정교한 구성이 탐구할 만하다면, 그것을 창조하고 배열하신 분은 얼마나 더 놀라운 분이겠는가? 하늘의 별들이 보여 주는 질서 있는 움직임이 그렇게도 경이롭다면, 그 움직임을 명령하신 분은 얼마나 더 영광스러운 존재이겠는가? 그분, 곧 창조주 하나님을 연구해 본 적이 있는가? 그것은 끝이 없는 학문이다. 그러나 그 안에 헤아릴 수 없는 기쁨이 있다. 그분은 놀라운 경이와 신비를 끊임없이 드러내신다!

* 18년 전에, 어떤 사람이 이렇게 썼다. "죄가 아담처럼 고귀하게 창조된 존재의 생명 샘을 오염시키고 모든 생명의 가지에 흐르는 물줄기마저도 독으로 물들인다는 것, 또 단 하나의 죄가 뿜어낸 한 방울 독이 온 세상을 고통에 잠기게 할 만큼 고난을 낳는다는 것은 정말로 두려운 진실이다. …… 이는 죄가 얼마나 강력하게 인간을 움켜쥐고 있는지 보여 주는 증거다. 죄의 쇠사슬은 단단하며, 그 죽음의 권세는 깊숙이 파고든다. 이 사실은 죄의 본질을 드러내는 가장 강력한 증거 가운데 하나다. 죄는 단순한 실수가 아니다. 죄는 존재하는 모든 세력 중 가장 강력한 세력이라 할 수 있다. 그 권능은 인간의 삶과 역사를 지배하려는 듯, 전부를 뒤덮는다." 이 주장은 참으로 진실하며, 결코 과장된 표현이 아니다!

** 영적 세계를 지배하는 법칙은 존재의 하위 차원인 피조 세계(자연계)를 지배하는 그 법칙과 동일하다. 오늘날 한 저명한 과학자는 저서에서 "우리가 거주하는 지구 위에 남겨지는 말과 행위의 영속적 흔적"이라는 제목으로 매우 놀라운 결론을 제시했다. 그 결론을 존재의 상위 법칙과 연관 지어 고찰할 때, 실로 심각한 경각심이 일어난다. 그는 이렇게 썼다. "작용과 반작용의 평형이라는 원리를 그 모든 결과까지 철저히 추적해 들어가면, 매우 뜻밖의 통찰이 열린다.

인간 목소리에 의해 한 번 공기 중에 발생한 진동은 그 소리가 사라진 후에도 존재를 멈추지 않는다. 공기의 한 영역에 있는 입자에 가해진 운동은 계속해서 더 많은 입자에 전달된다. 공기 자체는 마치 거대한 도서관 같아서, 모든 음성이 영원히 그 안에 기록된다. 그러나 우리가 들이마시고 내뱉는 공기가 우리의 감정을 끊임없이 기록하는 역사가라면, 땅과 공기, 바다는 우리의 모든 행동에 대한 영원한 증인이다. 자연적 원인이나 인간의 행위로 말미암은 어떤 운동도 절대로 소멸하지 않는다. 스쳐 지나는 바람에 의해 순간 일어나는 물결은 금세 사라질 것 같지만, 실제로는 끝없는 파문을 남긴다. 이 물결은 점점 힘이 약해지면서도 다른 바다에서 다시 살아난다. 그 물결은 수천의 해안을 방문하며, 각 해안에서 반사되고, 다시 부분적으로 모이기도 한다. 마침내 바다가 스스로 사라질 그날까지, 물결은 그 끊임없는 궤적을 따라 나아간다"(Babbage, *Bridgewater Treatise*, pp. 108-114).

4

드러난
하나님의 목적

하나님은 지금까지 그분의 선에 관한 이야기를 세상에 전하고 계셨다. 그러나 사람이 그 이야기를 가로막았다. 그렇게 그는 생명을 죽음과 바꾸었다. 나아가 사람은 하나님이 경고하신 저주의 상속자가 되었다. 이후 무엇을 기대할 수 있겠는가? 하나님이 이 땅에서 떠나시고, 사람에게 베풀던 모든 선을 거두시는 것 외에, 또 무엇이 남아 있겠는가?

그러나 하나님께는 다른 뜻이 있었다. 이보다 더 깊고, 더 놀라운 뜻이었다. 이제 그 뜻이 드러나기 시작했다.

하나님의 성품 전체는 아직 온전히 알려지지 않았다. 그 길이와 너비가 아직 드러나지 않았다. 그때까지 알려진 것은 단지 하나님의 일부일 뿐이었다. 물론 하나님은 죄 없는 세계에서 자신에 대해 드러낼 수 있는 만큼 보여 주셨다. 그러나 그것만으로 충분하지 않았다. 하나님의 전적인 성품을 나타내기 위한 새로운 상태, 새로운 국면이 필요했다.

이 새로운 상태를 하나님이 시작하신 것은 아니다. 어떤 죄도 하나님에게서 비롯되지 않는다. 이 상태는 사람이 끌어들였다. 그는 죄를 범했다. 이로 말미암아, 사람뿐 아니라, 세상의 상태도 바뀌었다. 바로 이 악의 개입과 더불어, 하나님의 뜻이 그 모습을 드러내기 시작한 것이다.

인간의 눈에 악의 개입은 하나님의 마음을 드러내는 방식으로 가장 알맞아 보이지 않는다. 오히려 우리에게는 온통 빛만 있고 어둠이 없으며, 불협 없이 완전한 일치가 있고, 죄 없이 거룩함만이 존재하는 그런 세상이야말로, 하나님의 본성이 온전히 나타나기에 가장 적합한 세계처럼 여겨진다.

완전한 세계에서 사랑은 차가운 반응이나 거친 의심에 부딪히지 않을 것이다. 오히려 모든 눈과 마음에서 우러나오는 온전한 공감으로 응답받을 것이다. 교제는 끊어짐 없이 계속될 것이다. 기쁨은 어떤 것과도 섞이지 않고 순전하게 흐를 것이다. 그리고 하늘과 땅 사이를 오가는 이 흐름 속에서, 선하고 복된 모든 것이 끊임없이 더해질 것이다. 이런 상태가 영원히 지속된다면,

분명 하나님이 자신의 가장 풍성한 보화를 드러내시기에 충분한 공간과 기회가 마련될 것이다.

우리는 이렇게 이성적으로 추론한다. 그러나 하나님의 계획을 설계하려 하면서 우리는 자신을 망각한다.

그와 같은 완전한 세상은 분명 다음 한 가지 질문에 대답할 수 있을 것이다. "하나님은 자신과 닮은 자를 사랑하시는가?" 그러나 그 사랑은 훨씬 더 깊고 어려운 문제를 해결해 주지 못한다. 즉, "하나님은 자신과 닮지 않은 자도 사랑하시는가?" 하나님은 사랑하는 자, 사랑스러운 자를 사랑하신다. 그렇다면 그분은 사랑하지 않는 자, 사랑스럽지 않은 자도 사랑하실 수 있는가?

하나님은 죄를 심판하실 수 있다. 타락한 천사들에게서 그 사실이 분명히 드러났다. 그러나 하나님은 죄를 용서하실 수 있는가? 그분은 죄인을 그분의 임재 앞에서 쫓아내실 수 있다. 그러나 그 죄인을 다시 받아들이실 수 있는가? 만일 그분 안에 그런 용서하는 사랑이 있다면, 그 사랑은 어디까지 미칠 수 있는가? 그 사랑은 오직 가장 선하고 덜 미운 몇 사람에게만 적용되는가? 아니면 가장 악한 자, 죄인 중의 괴수에게까지도 미치는가? 만일 그렇다면, 그 사랑은 사랑하는 대상을 위해 희생할 준비가 된 사랑인가? 자신의 뜻을 이루기 위해, 아무리 큰 대가라도 아끼지 않는 사랑인가?

이 질문은 오직 타락한 세계에서, 죄인들로 이루어진 인류 가운데서만 답할 수 있다. 완전한 세계는 이 문제에 대해 어떤 정보도 줄 수 없다. 심지어 아주 작고 미약한 암시조차 주지 못한다. 그곳은 이 질문에 철저히 침묵할 뿐이다. 경험은 오직 일정한 범위 안에만 머무르기 때문이다. 완전한 세계는 거룩한 이들과 그들 사이 교제와 기쁨에 대해서만 증언할 수 있다.

그러나 바로 이러한 문제의 해답, 이 질문에 대한 응답만이 하나님의 성품 깊은 곳을 드러낼 수 있다. 그렇지 않다면, 그분의 성품 가운데 적어도 절반은 숨겨진 채로 남을 것이다. 사랑의 본질 가운데 절반(더욱이 더 깊고 더 놀라운 절반)이 알려지지 않은 채 남았을 것이다. 그 사랑의 표면은 영원한 아름다움 속에서 빛났을지 모르나, 그 깊이는 절대로 헤아려지지 않았을 것이다. 그 밑바닥 없는 금과 은의 광맥은 절대로 찾을 수 없었을 것이다. 마음의 바깥방은 열려 있어서 쉽게 들어갔겠지만 그 안쪽 방(깊고 무한한 그 내밀한 심연)은 보이지도 않고, 들어갈 수도 없었을 것이다.

그렇지 않은가? 타락이 어두운 그림자를 드리운 이 피조 세계도 마찬가지 아닌가? 그 어두운 사건이야말로 오히려 하늘과 땅의 자원을 열어 보이게 한 계기가 되지 않았는가? 우리의 눈길을 사로잡는 새로운 아름다움을 그로부터 끌어내지 않았는가?

그 사건은 우리 위에 구름을 드리웠다. 그러나 그 구름 속에서 우리는 무지개를 보았다. 그 사건은 땅의 푸르름을 시들게 했다. 그러나 그 속에서 가을 단풍의 비할 데 없는 황금빛을 우리에게 주었다. 그 사건은 바람을 일으켰다. 그러나 그 바람 속에서 우리는 맑고 푸른 심연 아래서 솟구쳐 오르는 흰 파도의 물거품을 보았다. 그 사건은 거대한 폭풍을 불러일으켰다. 그러나 동시에, '장엄하고도 위엄 있는 풍경'을 펼쳐 보였다.

그리고 인간의 마음도 이와 같지 않은가? 그 안에서도 놀라운 발견이 이루어지지 않는가? 마치 새로운 줄이 하프에 더해져, 그 음률이 한편으로 훨씬 더 깊은 곳까지, 다른 한편으로 훨씬 더 높은 곳까지 울려 퍼지게 되듯이 말이다.

어머니의 마음이 그 충만함으로 드러나는 때는 언제인가? 가족 모두가 건강하고, 그녀의 얼굴에 기쁨이 가득하여 행복한 가정을 바라보는 평안한 날들이 아니다. 오히려 그때는 슬픔의 시간이다.

꽃봉오리 같던 자녀 하나가 갑작스레 병들어서, 죽음이 마음의 기쁨을 앗아가려 한다. 깊은 슬픔을 안고, 병상 곁에 몸을 굽히고 있는 그녀를 보라. 그녀 자신조차도 지금껏 자신 안에 이토록 깊은 사랑이 있는 줄 몰랐다. 죽어가는 아이의 창백한 미소 하나하나, 그 얼굴을 일그러뜨리는 고통의 순간들, 무언가를 바라보며 위로 향하는 그 또렷한 눈동자가 그녀 안에 새로운 사랑의 샘을 차례차례 열어젖힌다.

그러나 다시 보라. 병이 차츰 가시는 듯하다. 죽음의 기세가 꺾이고, 생명이 아이 안에서 다시 자리를 잡아간다. 그 순간 밀려오는 높고 거대한 기쁨의 파도는 무엇인가! 그 기쁨은 마치 또 다른 심장의 문을 열고, 회복되는 아이에게 새로운 사랑의 강물을 흘려보내는 것만 같다. 하나는 깊은 고통의 사랑, 다른 하나는 벅찬 환희의 사랑. 둘 다 어머니의 마음속에 감추어져 있던 깊은 샘이다.

인간의 마음은 우리의 상상보다 훨씬 더 넓은 깊이와 수용력을 지녔다. 그리고 이는 다름 아닌 타락한 세상의 상황과 장면들 속에서 발견된다.

하나님도 그러셨다. 그리고 하나님이 우리에게 이를 알리기 위해 택하신 방식이 바로 이것이다. 죄와 고통의 세상이 아니었다면, 그와 같은 기회는 주어질 수 없었을 것이다. 그러기에 바로 이곳, 이 상황 속에 하나님은 자기 사랑의 모든 깊이와 넓이를 열어 보이기 시작하셨다.

이렇게 말한다고 해서, 내가 타락을 어떤 뜻밖의 사건으로 보며, 하나님을 마치 예기치 못한 일을 이용해 뜻을 이루시는 분으로 말하는 것은 결코 아니다. 절대로 그럴 수 없다. 여호와 하나님은 오직 지혜로우신 분이며, 그분의 계획은 모두 영원 전부터 세워졌다.

그러나 우리는 하나님이 친히 가르치신 대로, 사람의 방식을 따라 이와 같이 말할 수 있다. 우리는 이를 결코 잊지 말아야 한다. 곧, 구속은 어떤 갑작스러운 악을 수습하기 위한 임시방편이 아니다. 오히려 구속은 하나님의 본래 뜻이요, 그분이 창세전부터 작정하신 계획이다. 이 계획을 통해 하나님은 자신이 창조하신 우주 앞에 자신의 성품 전체를 온전히 계시하시며, 이를 통해서 그분 자신을 영화롭게 하기 원하셨다.

타락하지 않은 세상은 하나님을 절반만 드러낼 뿐이다. 그분의 깊은 성품은 오직 타락한 세상과 연관될 때 비로소 드러난다. 하나님의 무한한 본성의 높이와 깊이는, 그에 정면으로 반대되는 것이 일어날 때 드러날 수 있다. 하나님의 거룩하심이 무엇이며, 그분이 얼마나 거룩하신지를 알려면 우리는 단지 하나님이 거룩한 자를 향해 품으시는 마음만을 볼 것이 아니라, 거룩하지 않은 자를 향해 품으시는 마음도 보아야 한다. 그분의 선하심이 얼마나 광대하고 깊은지를 알려면, 우리는 하나님이 사랑하시는 대상과 맺는 관계뿐 아니라, 하나님이 미워하시는 대상과 맺는 관계도 보아야 한다.

죄 없는 세상에서 사랑하는 이가 사랑하는 이와 만나고, 행복한 사람이 행복한 사람과 교제하는 모습을 볼 수 있다. 그러나 우리는 여전히 배워야 한다. 사랑하는 이가 사랑하지 않는 이와 마주칠 때, 복된 이가 저주받은 자와 마주칠 때, 하나님의 마음이 어떻게 반응하는지 말이다.

하나님의 마음은 길 잃은 자들을 향해 간절히 불타는가? 고통받는 자, 슬퍼하는 자를 긍휼히 여기시는가? 하나님이 죄인의 죽음을 기뻐하시는가, 아니면 그가 돌이켜 살기를 원하시는가? 죄인의 싸늘함에도 그분의 사랑은 식지 않는가? 마음이 아파도 오래 참으시는가? 거절당하고 미움받고 외면당해도, 복 받기를 거부하는 그 가련한 자를 향해 하나님이 여전히 꺼지지 않는 자비의 눈길을 보내고 계시는가? 타락한 세상을 향한 하나님의 역사는 이 모든 질문에 대한 충만한 응답이었다. 그 응답은 얼마나 놀라운지!

이와 같이 하나님은 그분의 선에 관한 이야기를 방해한 인간의 개입조차도 주권적으로 다스리셨다. 그분이 이를 어떻게 행하셨는지 다음 장에서 더 구체적으로 살펴볼 것이다. 그러나 지금 이 시점에서, 죄가 세상에 들어온 결과가 우리가 상상하던 것과 얼마나 다른지 주목하는 일은 복되다.

하나님의 생각은 우리의 생각과 같지 않으며, 그분의 길은 우리의 길과 같지 않다. 하나님은 악을 곧바로 멈추거나 제거할 계획을 세우시지 않았다. 오히려 그 악을 통해 선을 끌어내시고, 그 악을 하나의 거울로 삼으셨다. 그렇게 하나님은 그분 자신의 영원한 신성을 자비의 영광 가운데 비추어 보이려는 뜻을 품으셨다.

독자여, 이 내용은 사실상 이루 말할 수 없이 당신과 깊은 관련이 있다. 하나님은 죄 없는 아담에게조차 알리시지 않았던 그분 자신에 대해 더 깊은 정보를 당신에게 알리고자 하신다. 죄인인 당신에게 알리고자 하신다. 그분은 당신에게서 얼굴을 숨기시지 않는다. 또 당신이 그분께 나아오는 길도 막으시지 않는다. 하나님은 당신이 그분을 알기를 원하신다. 그분은 기꺼이 당신을 그분의 은밀한 내면의 방으로 이끄신다. 그래서 비참한 죄인에게 꼭 필요한 바로 그 하나님으로서 자신을 나타내 보이기 원하신다.

이미 지금까지 하나님이 당신에게 베푸신 일들, 곧 당신의 죄에 대해 곧바로 심판을 내리시지 않은 그 인내만으로도 당신은 하나님이 어떤 분이신지 충분히 배웠을 것이다. 그 모든 순간마다 하나님의 인내가 조용히 스며 있다. 그 이야기에 귀를 기울이지 않는다면, 정말로 이상하고 어리석은 일이다. 아담은 하나님의 선에 관한 이야기를 한순간 끊었을 뿐이다. 그러나 아담보다 훨씬 더 오랫동안, 당신은 하나님의 놀라운 인내 이야기에 귀를 기울이기를 거절해 왔다.

5

은혜 이야기의
시작

하나님이 아담의 죄를 주권적으로 다스리신 데는 이미 살펴보았듯이 여러 목적이 있었다. 단일한 목적이 아니라, 다양한 열매와 깊은 결과를 포함한 복합적인 뜻이었다. 그 결과, 하나님의 전인격이 새로운 광휘 가운데 드러났다.

그런데 이 목적 가운데서도 특히 두드러진 부분이 있었다. 인간의 구원과 직접 관련된 부분, 바로 은혜였다.

하나님이 나타내시려는 새로운 계시 속에는 거룩함과 능력과 지혜의 더 깊은 차원도 포함되어 있지만, 그 가운데 으뜸이 되는 중심 주제는 '하나님의 은혜'였다. 은혜야말로 이제 드러나야 할 새로운 하나님의 계시에서 가장 핵심적인 주제였다. '지극히 풍성한 그분의 은혜'가 나타날 것이었다. 그리고 바로 이 은혜를 드러내기 위한 계기로, 인간의 죄가 사용되었다.

그렇다면 '은혜'란 무엇인가? 이 단어의 의미를 온전히 이해하는 일이 중요하다. 이 말은 여러 방식으로 오해되어 왔고, 또 왜곡된 채 사용되었기 때문이다. 우리 입술에 자주 오르내리지만, 그 순전한 의미를 제대로 이해하는 경우는 얼마나 드문가!

하나님은 천사들을 사랑하신다. 보좌 주위에서 기다리거나, 그분의 명령에 따라 신적 사명을 수행하는 그들에게 하나님은 미소와 복으로 기쁨을 주신다. 그러나 이는 은혜가 아니다. 선한 천사들은 그분의 명령과 뜻에 순종하며, 거룩하다. 그렇기에 그들이 하나님의 사랑을 받는 것은 지극히 자연스러운 일이다. 거룩하신 하나님이 거룩한 존재를 사랑하시는 것은 어찌 보면 당연하다. 하나님이 천사들에게 베푸시는 호의는 그들이 죄가 없다는 사실에 근거한다.

그러나 은혜는 전혀 다르다. 은혜 또한 거룩하신 분의 사랑에 속한다. 그러나 그 사랑이 향하는 대상은 거룩한 자가 아니라, 오히려 거룩하지 못한 자다. 잃어버린 바가 된 자, 비참한 자, 죄 있는 자, 가치 없는 자, 바로 이들이 은혜의 유일한 대상이다. 은혜는 죄와 파멸의 상태 속에 있는 이들을 그 상태 그대로 바라본다. 오히려 이 죄와 파멸이야말로 바로 은혜가 흘러나오는 근거가 된다.

은혜는 잃어버린 바 된 자에게 다가간다. 그가 잃어버린 바 되었음에도 불구하고 다가가는 것이 아니다. 그가 잃어버린 바 되었기 때문에 다가간다.

은혜는 가치 없는 자에게 이렇게 말하지 않는다. "참으로 너는 무가치하다. 그러나 네 안에서 무언가 좋은 점을 하나 발견했다. 그래서 그 조그만 장점을 근거로, 네게 호의를 베풀겠다."

아니다. 은혜의 언어는 완전히 다르다. 은혜는 이렇게 말한다. "네가 죄인임을 안다. 네가 비참하고, 무가치하고, 네 안에 선한 것이 전혀 없음을 안다. 그러나 바로 그 점이 네게 눈을 고정하는 이유다. 그 상태는 너를 다른 무엇에도 합당하지 않게 만든다. 그러나 그렇다고 해서, 너를 은혜에 합당하지 못하게 만들지는 못한다."

사랑하는 이의 관 곁에, 무덤 앞에서야 비로소 마음 깊은 곳에서 솟구치는 사랑이 터져 나온다. 하나님의 마음도 그렇다. 잃어버린 세상 위에 그분의 자비가 말로 다 표현할 수 없는 부드러운 동정심으로 온전히 쏟아진다. 아버지의 마음은 헐벗고 배고프고 방황하는 탕자를 향해 달려간다. 그 아들을 위해 하나님은 탄식하며 눈물을 흘리신다.

그분은 본다. 그 아들이 집도 없고, 친구도 없으며, 스스로 아버지의 집을 떠나 방황하는 것을. 그분은 그를 생각하신다. 가난과 누더기 속에, 더러움과 기근 속에 쓰러져 죽을 준비를 하는 그를. 그는 술 취한 자의 잔을 들이킨다. 부정한 자들 틈에 앉아 있다. 거룩함을 조롱하는 웃음 사이에 섞여 죄인 중의 죄인으로 앉아 있다. 하나님이 이런 광경을 생각하실 때 그분의 마음 깊숙한 곳이 흔들린다. 잃어버린 아들을 향한 그 강렬한 갈망 속에서, 그분은 자기 곁에 있는 복된 무리를 거의 잊으신다.

하나님은 이처럼 쓸쓸히 떠돌며 방황하는 이 세상을 불쌍히 여기신다. 그분의 마음에서 흘러나오는 사랑은 육신의 아버지의 애정이나 어머니의 가장 깊은 자애를 무한히 초월한다. 이것이 바로 은혜다. 그 은혜의 감정은 대상의 가치 때문이 아니라, 오히려 무가치함 때문에 일어난다. 그 감정은 결핍과 비참함과 죄악을 마주할 때 비로소 깨어난다.

인간이 죄를 짓기 전에는 오직 하나님의 선하심만이 나타났다. 곧, 선하고 합당한 자를 향한 사랑이었다. 그러나 죄가 세상에 들어온 뒤에, 하나님의 선은 더 이상 이 땅에서 효력을 펼칠 대상을 찾을 수 없었다. 바로 그때, 선이 물러서자 은혜가 내려왔다. 그리고 그때부터, 선하지 않은 자에게 들려주는 은혜 이야기가 시작되었다. 마치 죄 없는 인간에게 전해진 선 이야기처럼, 이제는 타락한 인간에게 들려주는 은혜 이야기로 전환된 것이다.

그렇다면, 은혜는 언제 시작되었는가? 은혜는 하나님 안에서 처음 생겨난 새로운 감정이었는가? 아니다. 은혜는 영원 전부터 존재했다. 하나님 안의 모든 것이 그러하듯, 은혜 역시 시작이 없다. 인간의 타락이 하나님 안에 어떤 새로운 감정을 만든 것이 아니다. 다만, 영원 전부터 하나님 안에 있던 것을 불러일으켰을 뿐이다.

타락은 새로운 대상을 제공했다. 곧, 죄와 비참함에 빠진 자가 생겨났다. 그리고 이들의 상태가 바로 은혜의 사역이 시작되는 지점이 되었다. 그러나 은혜 자체는 영원하다. 은혜 이야기는 시간 속에 시작되었지만, 은혜 자체는 시작이 없다.

우리는 사랑할 친구가 생기기 전에는 친구를 사랑할 수 없다. 그러나 사랑하는 마음은 우리가 숨을 쉬기 시작할 때부터 이미 우리 안에 뛰고 있었다. 우리는 죽은 자를 보기 전에는 죽음을 슬퍼하며 눈물 흘릴 수 없다. 그러나 슬픔을 느끼는 영혼과 흘러넘치는 눈물은 죽음을 본 순간에 생겨난 것이 아니다. 예수님의 긍휼은 무리를 보셨을 때 깨어났고, 눈물의 샘은 도시를 보셨을 때 터졌다. 그러나 고통받는 자를 불쌍히 여기시는 그 부드러운 영혼은 언제나 그분 안에 있었다.

이와 마찬가지로, 에덴동산에서 죄를 짓고 고통당하는 인간을 보셨을 때, 하나님의 은혜가 밖으로 드러났다. 그러나 그 은혜는 이미 하나님 안에 있었다. 은혜는 다만 그 사랑을 흘려보낼 대상을 기다리고 있었다. 그리고 마침내, 오랫동안 갇혀 있던 강물처럼, 그 은혜가 힘 있게 터져 나와 온 땅을 가득 채웠다.

그렇다면 여기서 우리는 무엇에 놀라야 하는가? 그것은 인간의 죄가 하나님의 마음을 닫거나 죄인을 향한 그분의 사랑을 막아버리지 않았다는 사실이다. 오히려 그 죄는 하나님의 마음 안에 감추어졌던 사랑의 새로운 방을 열어젖혔다. 이전에 드러나지 않았고, 상상조차 할 수 없었던 충만함의 보고를 세상 앞에 쏟아냈다. 무지개는 비구름 위에 찬란한 일곱 빛깔을 드러낸다. 마찬가지로, 인간의 죄야말로 하나님이 그분의 은혜롭고 무한한 존재 속에 감추어 두신 보화를 여는 배경이 되었다.

구름 한 점 없이 맑은 하늘만으로는 땅과 하늘의 온전한 아름다움을 드러낼 수 없다. 오히려 구름이 있어야 햇살의 보화가 열리고, 한 줄기 광선에 담긴 신비와 찬란함이 비로소 드러난다. 햇빛을 가리는 듯 보였던 것이 사실은 햇빛을 드러나게 하는 도구가 되었다.

인간의 죄도 그러하다. 그 죄는 하나님과 그분의 선을 이 땅에서 몰아낼 듯 보였지만, 도리어 그분을 전보다 훨씬 더 가까이 다가오게 했다. 또 죄는 그분의 선하심을 훨씬 더 풍성하고 깊이 있게 드러내는 계기가 되었다. 그 선하심 속에서 나타난 것은 더 깊고 더 놀라운 것, 곧 은혜였다. 그래서 바로 그곳, 죄가 넘치던 바로 그 자리에서 '은혜가 더욱 넘쳤다'(참조. 롬 5:20). 넘치는 죄가 더욱 넘치는 은혜를 끌어냈다.

이것은 분명히 하나님의 성품에 대한 전혀 새로운 양상이었다. 이는 죄를 다루시는 하나님의 새로운 방식을 의미했다. 죄가 처음 드러났을 때, 곧 천사들의 반역 가운데 죄가 그 모습을 드러냈을 때, 하나님은 그 죄에 대해 즉각적인 심판으로 응답하셨다. 하나님은 죄와 죄를 지은 자를 함께 쓸어버리셨다. 그러므로 인간 또한 그와 다른 대우를 기대할 수 없었다.

하지만 하나님은 다른 생각을 가지셨다. 그분의 뜻은 여전히 죄를 제거하는 데 있었다. 그러나 이제 전혀 다른 방식으로, 곧 더욱 영광스러운 방식으로 이루고자 하셨다. 그 새로운 방식은 하나님 자신의 존재를 더욱 충만하게 드러내면서, 죄를 이전보다 더 철저하게 정죄하고, 동시에 죄인을 해방하는 길이었다. 이전에는 죄와 죄인이 마치 분리될 수 없다는 듯 함께 다루어졌다. 분노는 죄와 죄인 모두에게 쏟아졌다. 하지만 이제 둘은 분리되었다. 죄는 여전히 하나님의 맹렬한 진노의 대상이지만, 죄인은 은혜의 대상이 되었다.

아담은 범죄한 천사들과 다른 방식으로 취급받으리라고는 전혀 예상하지 못했다. 그는 죄와 죄인이 분리될 수 있다는 사실을 알지 못했다. 또 그는 죄에 진노가, 죄인에게 은혜가 임할 수 있다는 것도 알지 못했다. 죄인을 향한 은혜, 곧 값없이 베풀어지는 사랑이라는 개념 자체는 우주 전체에서 완전히 새로운 생각이었다. 천사들조차도 알지 못했다. 설사 그런 생각이 떠올랐더라도, 그들의 경험은 실제로 일어날 수 없는 일이라고 말하는 듯했다.

그러나 하나님은 이 은혜를 인간에게 지체 없이 알리셨다. 하나님은 그분 안에 값없이 베푸시는 사랑이 존재한다는 사실을 죄인이 오래도록 모른 채 머물도록 내버려두시지 않았다. 은혜 이야기는 이미 시작되었다. 인간은 그 이야기를 듣고, 그로부터 배우도록 부름 받았다. 곧 하나님은 그분이 어떻게 죄인을 용서하시면서도 여전히 의로운 하나님으로 남을 수 있는지 깨닫게 하셨다.

독자여, 당신에게는 죄가 있다. 그 죄는 당신을 정죄 아래 두며, 지옥의 상속자로 만든다. 당신의 정당한 몫은 불타는 불못 속에서 사탄과 그의 추종자와 함께하는 것이다. 그러나 하나님이 죄와 죄인을 분리하는 길을 계시하셨다.

곧, 당신의 죄는 형벌을 받고, 당신은 용서를 받는 길이다. 그 길을 아는가? 그것이 바로 은혜의 길이다. 당신이 그 길을 알지 못한다면, 당신의 영혼은 죄의 무게에 영원히 짓눌릴 것이다. 그러나 당신이 그 길을 알고, 그 안에서 걷고 있다면, 당신은 영생을 소유한 자이다. 또 당신은 정죄에 이르지 않고, 사망에서 생명으로 옮겨진 자이다(참조. 요 5:24).

이 은혜의 지식은 아담의 고통스러운 영혼을 위로했다. 그리고 바로 이 동일한 은혜의 지식만이 당신의 영혼을 온전한 평안 가운데 머물게 한다. 수많은 싸움과 수많은 올무가 당신 앞에 놓여 있을지 모른다. 그러나 이 값없이 받은 사랑의 지식이 당신을 끝까지 붙들 것이다. 햇살 가득한 날도 지나야 하고, 폭풍우 몰아치는 시절도 지나야겠지만, 여기 이 은혜는 모든 때에 충분히 합당하다.

"이 은혜 안에서 강건하라."

은혜를 굳게 붙잡아라. 이것이 바로 당신의 전부다. 그 순전하고 귀한 단순함 속에서 이 은혜를 깊이 이해하라. 그 무엇도 섞지 말라. 무언가를 더하거나 빼는 순간, 그것은 더 이상 은혜가 아니다. 하나님이 당신에게 알려 주신 그대로, 그 은혜를 받으라. 그 은혜는 당신이 살아가는 데 충분하며, 당신의 영혼을 완전한 평안 가운데 머물게 하는 데 필요한 모든 것을 지녔다. 그 은혜는 시험하는 자를 이기는 검이며, 모든 의심을 흩뜨리고 모든 두려움을 잠재우는 위로의 말씀이다.

6

은혜 이야기가
처음 전해진 곳

은혜 이야기는 에덴동산에서 처음 전해졌다. 곧, 사람이 하나님의 선에 관한 이야기에 끼어들어, 그 흐름을 끊어 버린 바로 그 자리에서 말이다. 물론 그 이야기는 이후에 에덴 바깥에서도 전해졌다. 사람은 동산에서 쫓겨났고, 그를 향한 문이 닫혔기 때문이다. 그 이야기는 온 땅에 거하는 '하늘 아래 모든 피조물에게' 전파되어야 할 복음이었다. 그럼에도 불구하고, 그 이야기가 처음 시작된 곳은 에덴동산이었다.

그곳에서 사람이 죄를 지었다. 바로 그곳에서 하나님은 용서를 선포하셨다. 그곳에서 사람이 하나님을 진노케 했고, 바로 그곳에서 하나님은 그런 반역자에게조차 은혜를 베푸심을 보여 주셨다.

하나님이 '그 사람을 에덴에서 내쫓으신' 것은 은혜 이야기를 다 마치신 후였다. 이 사실은 매우 인상적이며, 깊은 의미를 담고 있다.

이것은 사람의 방식이 아니다. 죄인 위에 징벌의 타격이 떨어지기 전에, 징계의 막대기가 그에게 가해지기 전에 그는 자기가 어기고 거역한 그 하나님이 얼마나 은혜로우신 분인지 먼저 배워야만 했다. 이 자체가 바로 은혜다. 사랑의 메시지여서만이 아니라, 그 전달 방식과 어조, 시기와 장소까지 모두 그 안에 담긴 사랑을 증언했다. 이 모든 요소는 이제 사람이 귀 기울여야 할 그 사랑의 깊이를 더욱더 드러내고, 더욱더 빛나게 한다.

사실, 그 말씀이 감옥이나 광야에서 선포되었더라도, 그 자체로 은혜였을 것이다. 그랬더라도 사람이 기대조차 할 수 없던 은혜, 한없이 귀하고 그에게 너무나도 합당한 은혜였을 것이다. 그런데 그 은혜가 바로 악행이 저질러진 그 자리에서 선포되었고, 더욱 깊은 자비의 빛을 띠게 되었다.

그 현장 전체는 사람의 죄악과 하나님께 가한 모독의 증거들로 가득했다. 하나님은 그 자리에 있는 모든 피조물을 향해 이렇게 호소하실 수 있었다. "내가 내 포도원을 위하여 행한 것 외에 무엇을 더할 것이 있으랴"(사 5:4). 그런데 바로 그 자리에서, 하나님이 죄인에게 용서를 계시하셨다. 죄의 증거가 사방을 에워

싸는 그곳에서 은혜는 죄인을 찾아와, 그에게 나타났다. 여기에 얼마나 깊은 하나님의 긍휼과 자비가 담겨 있는가!

그러나 이와 더불어 사람의 입을 다물게 한다. 그는 자신의 죄를 변명하거나, 필요가 채워지지 않았다고 하거나, 불친절한 환경 때문이라고 말하며 자기의 죄책을 완화해 달라고 할 수 없었다. 실제로 아담은 그 죄의 책임을 여인에게 돌리려 했다. 나아가 그는 그 여인을 통해 결국 하나님께 돌리려 하기도 했다.

그러나 그는 그 이상 나아갈 수 없었다. 그는 감히 이렇게 말할 수 없었다. "주께서 내게 광야가 되셨고, 어둠의 땅이 되셨습니다"(참조. 렘 2:31). "주께서 나를 극도로 불리한 환경에 두셨고, 사막 외에 거처를 주시지 않았으며, 차가운 하늘 외에 내 덮개가 없었습니다." 그는 이런 핑계를 댈 수 있는 어떤 근거도 지니고 있지 않았다. 그리고 바로 그가 서 있던 자리, 곧 하나님의 음성을 듣고 있던 그 장소가 그런 시도 자체를 가로막고 있었다.

하나님은 그에게 이렇게 말씀하실 수 있었을 것이다. "네가 나를 떠나 멀리 갈 만큼 내게서 무슨 불의를 보았느냐"(참조. 렘 2:5). 또는 이렇게 말씀하셨을 수도 있다. "내가 네게 무슨 잘못을 했기에, 네가 나를 이토록 배반했느냐? 이것이 친구를 향한 너의 친절이냐?"

이처럼 은혜는 그가 죄인으로 있던 바로 그 자리에서 그를 만난다. 은혜는 그를 있는 그대로 받아들인다. 그 은혜는 단지 죄인일 뿐 아니라, 자기 죄를 가리려 하고, 하나님의 눈길을 피해 서둘러 도망치려 하는 모습 그대로 그를 받아들인다. 은혜는 그가 서 있는 자리까지 다가온다. 기다리지 않고, 그를 향해 재빠르게 달려온다. 멀리서 외치지 않고, 바로 그의 곁에서 자신을 드러낸다. 그가 어느 정도 먼저 걸어오기를 요구하지 않고, 서로 떨어진 거리를 온전히 은혜가 먼저 다가온다.*

그가 하나님을 향해 한 걸음 내딛기까지, 은혜는 그에게 단 한 걸음도 요구하지 않는다. 그에게 자신의 죄를 조금이라도 떨쳐 내라거나, 어떤 자격이나 합당한 요건을 갖추라고 요구하지 않는다. 은혜는 아무것도 요구하지 않는다. 오히려 그의 모든 죄의 무게를 한꺼번에 받아들이고, 그 죄를 은혜의 고유한 방식대로 처리하겠다고 제안한다. 이것이 바로 에덴에서 그에게 선포된 은혜의 충만함이다. 값을 치르지 않아도 완전히 거저 주어지는 은혜다.

지금까지 언제나 그랬다. 은혜는 우리가 죄를 지은 그 자리에서 우리를 만난다. 오직 그 자리에서만 우리를 만난다. 하나님의 은혜가 아브라함을 만난 곳은 갈대아 땅, 곧 그가 우상 숭배에 빠져 있던 자리였다. 아브라함이 갈대아를 떠나, 하란에 이른 뒤에야 하나님이 그를 만나신 것이 아니었다. "우리 조상 아브라함이 하란에 있기 전 메소보다미아에 있을 때에 영광의 하나님이 그에게" 나타나셨다(행 7:2).

다메섹으로 가는 길에서, 그리스도인을 향한 살기를 내뿜으며 가던 그 자리에서, 하나님의 은혜는 사울을 만났다.

간음 중에 붙잡힌 여인에게, 곧 죄의 현장에서 주님은 말로 다할 수 없는 은혜의 말씀을 그녀에게 주셨다. "나도 너를 정죄하지 아니하노니 가서 다시는 죄를 범하지 말라"(요 8:11).

하나님의 은혜는 빌립보 감옥에도 찾아갔다. 이방인 간수는 완악한 마음으로 신자에게 잔인하게 굴었다. 바로 그곳에서 은혜는 그 간수를 찾아갔다. 그날 밤, 그와 온 집안은 하나님을 기뻐하는 사람들로 변화되었다.

또 예루살렘의 죄인에게, 곧 무한한 죄악이 실제로 저질러진 바로 그곳에서 복음은 가장 먼저 선포되어야 했다. 은혜가 그들을 찾아가 그 자리에서 기쁜 소식을 그들에게 들려주어야 했기 때문이다.

은혜는 멀리 떨어진 산꼭대기에 서서, 죄인에게 그 가파른 언덕을 올라와 이 귀한 보물을 얻어 가라며 외치는 것이 아니다.

오히려 은혜는 죄인을 찾아 골짜기로 내려온다. 아니, 끔찍한 구덩이의 가장 깊은 밑바닥에까지 손을 뻗어, 그를 진흙탕 속에서 끌어올린다.

은혜는 "네가 한 달란트를 갚으면, 내가 나머지 아흔아홉 달란트를 대신 갚아 주겠다."라고 제안하지 않는다. 그 총액이 얼마든지, 은혜가 전부 감당한다.

은혜는 "네가 할 수 있는 만큼만 시작해 보라. 그러면 내가 나머지를 완성하겠다."라고 말하지 않는다. 처음부터 끝까지, 죄인의 전적인 무능을 전제로 하고 그 전부를 은혜가 떠맡는다.

은혜는 죄인과 이렇게 거래하지 않는다. "몇 가지 죄만 버리고, 조금만 더 나은 삶을 위해 노력해 보라. 그러면 내가 나머지를 덜어 주고, 너를 용서하고 깨끗하게 하겠다." 아니다. 은혜는 즉시 죄인에게 다가가며, '완전한 용서'를 출발점으로 제시한다. 그것이 거룩해지기 위한 모든 노력의 시작이다.

은혜는 "가서 다시는 죄를 짓지 말라. 그러면 너를 정죄하지 않겠다."라고 말하지 않는다. 오히려 이렇게 선언한다. "나도 너를 정죄하지 아니하노니, 가서 다시는 죄를 범하지 말라."

그렇지 않다면 그것은 은혜가 아니라, 은혜와 공로가 뒤섞인 혼합물일 것이다. 하나님의 행하심과 사람의 자격을 섞은 것이다. 은혜가 죄인을 그가 있는 자리에서, 그의 무능과 죄책을 그대로 안은 채 만나 주지 않는다면, 그에게 은혜가 될 수 없다. 왜냐하면 여전히 그 사이에 그가 메우거나 건널 수 없는 깊고 넓은 커다란 틈이 남아 있기 때문이다.

만일 은혜가 죄인에게 다가가기 전에 무언가가 행해지거나, 어떤 감정이 생기기를 기다린다면, 은혜는 그를 영원히 기다려야 할 것이다. 만일 은혜가 아담이 수풀에서 나와, 다시 하나님을 찾을 때까지 기다렸다면, 그 은혜는 결코 계시되지 않았을 것이다. 만일 은혜가 사울이 주님을 미워하는 마음을 거두고, 제자들을 핍박하는 일을 멈출 때까지 기다렸다면, 사울은 결코 그 은혜를 알지 못했을 것이다. 만일 은혜가 예루살렘이 그 무죄한 피에 대해 조금이라도 자기를 정결케 하기를 기다렸다면, 그 성벽 안에서 결코 복음이 들리지 않았을 것이다.

은혜가 이런 것이라면, 인간에게 조롱거리가 되었을 것이다. 만일 은혜가 미리 충족되어야 할 어떤 조건에 달려 있다면, 만일 먼저 갖추어야 할 어떤 자격을 요구한다면, 그 은혜는 죄인에게 헛되이 다가오는 것이다. 아니, 떡 대신 돌을 내미는 일이다. 그런 은혜는 문이 닫힌 방주를 가리킬 뿐이며, 죄인에게 들어가지 못하는 피난처를 알려 줄 뿐이다.

에덴에서 아담을 찾아오신 하나님의 은혜는 그런 은혜가 아니었다. 그 은혜는 죄인인 아담을 만났고, 오직 죄인으로서 그를 다루었다. 그가 무언가 더 나은 존재가 된 이후가 아니라, 바로 죄인일 때 그에게 은혜가 임했다. 인간의 상황에 참으로 합당한 은혜였으며, 하나님께 어울리는 유일한 은혜였다.

옛 시대의 한 인물은 이렇게 말한다. "만일 하나님께 용서가 있다면, 그 용서는 하나님이 베푸시기에 합당한 수준일 것이다. 하나님이 용서하신다면, 반드시 풍성히 용서하실 것이다. 절반 짜리 용서, 제한적이고 조건부인 사면, 그 속에 유보와 한계를 지닌 사면이라면, 이는 인간에게나 어울릴 것이다. 그런 사면은 인간의 방식이며, 인간과 흡사하다. 그러나 하나님의 사면은 절대적이고 완전하다. 그 사면 앞에서 우리의 죄는 동풍과 떠오르는 햇살 앞의 구름과 같이 사라진다. 그러므로 성경은 말한다. 하나님은 이 일을 그의 온 마음과 온 영혼으로 행하신다고"(시편 130편에 대한 오웬의 해설).

이러한 은혜가 지금도 여전히 우리에게 흘러오고 있다. 그 은혜는 절대적으로 무조건 자유롭다. 그 은혜는 우리가 있는 바로 그 자리까지 다가온다. 그 은혜는 우리를 '황무지 가운데, 거친 들에서, 외치는 광야에서' 찾아낸다.

하나님은 죄인이 있는 바로 그 자리, 죄의 현장에서 은혜를 베푸시지만, 사람은 이 놀라운 진리를 잘 이해하지 못한다. 특히 근심하며 묻는 이에게, 회개의 길을 찾는 이에게 더욱 그렇다. 그들은 죄를 지은 그 장소, 죄의 어두운 흔적이 사방에 짙게 남은 그 자리를 벗어나려 한다. 그들은 죄의 자리에서 하나님의 용서를 대면하기를 두려워한다. 그러한 상황 한가운데서 즉각적인 용서를 구하기란 하나님의 격렬한 진노를, 아니면 적어도 거절을 자초하는 일처럼 여겨진다.

그러나 바로 그 자리에서, 하나님은 그들을 만나신다. 바로 그 자리에서, 그분의 은혜 이야기를 들으라고 부르신다. 그 장소에서 벗어나려는 시도와 조금이라도 죄가 덜한 자리에서 하나님과 대면하려는 소망은 곧 '자기 의'의 몸부림이다. 죄의 흔적들로 둘러싸인 모습이 드러난 데서 오는 수치심이며, 하나님 앞에서 철저히 부적합한 존재로 보이기를 피하려는 욕망이다.

그러나 이야말로 불신앙의 본질이 아니겠는가? 자신이 전적으로 범죄자임을 인정하기 거부하고, 자신의 모든 소망을 은혜에만 의지하여 살아야 한다는 사실을 받아들이지 않는 거부 말이다. 그리고 바로 이 지점에서, 성령 하나님의 능력이 얼마나 절대적으로 필요한지 우리는 본다.

먼저, 성령님은 죄인이 자기 죄가 머문 자리에 그대로 머물도록 이끄신다. 곧, 그의 실제 상태에 그대로 머물게 하신다. 그다음, 성령님은 그가 덜 죄스러워 보이는 자리나 조건이 좀 더 나은 위치로 옮겨서 하나님과 관계를 맺으려는 시도를 막으신다. 마지막으로, 비록 그 죄인의 상태가 하나님이 지금까지 다루신 그 어떤 경우보다도 더 절망적이라 할지라도, 성령님은 하나님의 은혜가 완전히 충분하며, 그 절망적인 상황에 정확히 들어맞는다고 보여 주신다.

하나님은 사람들이 자기 죄를 자각하게 하면서 찾아오신다. 많은 이에게 바로 이 지점이 얼마나 자주 걸림돌이 되는가! 사람들은 죄 속에 깊이 빠져들어 살아왔다. 하나님과 동떨어진 채 지냈다. 어쩌면 하나님의 이름을 모독하기도 했다. 그들의 삶은 오직 쾌락을 열정적으로 추구하는 일로 점철되어 있었다.

그런데 양심이 그 길에서 돌아서라고 부르짖는다. 그들은 절망 가운데 주저앉았다. 그들의 모든 죄악된 삶의 궤적이 하나님과 자기 사이에 버티고 있는 듯 보였기 때문이다. 또 자신이 걸어온 그 길을 되돌아가는 일이 지극히 길고 고단한 여정처럼 느껴졌기 때문이다.

그들은 지금 이 자리에서 이 모습 그대로 하나님께 용서를 구할 수 있으리라고는 도무지 상상하지 못한다. 그들은 먼저, 자신이 과거에 저지른 악행을 어느 정도 되돌려 놓아야만 비로소 하나님과 어떤 관계를 맺을 수 있으리라 생각한다. 그러므로 결국 그들은 종종 우울한 체념 가운데, 다시 예전의 죄악된 길로 돌아가 버리고 만다.

그러나 독자여, 지치고 마음이 반쯤만 움직인 자여, 과연 그렇단 말인가? 하나님이 바로 지금 이 모습 그대로 그대를 받아주시지 않는다는 말인가? 하나님은 범죄기 일어난 바로 그 자리에서 아담을 만나시지 않았던가? 은혜가 그곳에서 그를 찾아내지 않았던가? 그 은혜는 지금도 동일한 은혜가 아니던가? 그 은혜의 하나님은 지금도 동일한 분이 아니신가?

그대는 그분의 눈길을 피하고 싶을 것이다. "저는 감히 하나님을 뵐 수 없습니다. 이 죄악 한가운데 있는 제 모습으로는. 저는 그분을 만날 수 있는 덜 더럽혀진 장소를 먼저 찾아야 합니다." 그대는 그렇게 말할지도 모른다. 그러나 하나님은 그대처럼 생각하지 않으신다. 그분은 바로 지금, 바로 이 자리에서 기꺼이 그대를 만나기 원하신다.

그렇다면, 그대는 왜 거절하는가? 그분이 그대를 피하시지 않는데, 왜 그대는 그분을 피하려 하는가? 그분을 외면하는 바로 그 행위가, 생명이 깃든 그분의 얼굴을 떠나는 그 결정이, 지금껏 그대의 삶을 쓴맛으로 가득 채우지 않았던가? 그러니 이제 그분이 내미시는 환영의 손길을 붙잡지 않겠는가? 그리고 마침내 그대의 모든 슬픔을 그분의 끝없는 사랑의 기쁨 안에서 끝내지 않겠는가?

하나님은 지금, 바로 이 순간 그대와 관계를 맺기 원하신다. 그대와 하나님 사이의 모든 논쟁을 지금 당장 해결하기 원하신다. 나는 단지 하나님이 "화해하실 의향이 있다."라고 말하려는 것이 아니다. 하나님은 이미 화해를 제시하셨다. 곧, 그분이 자기 아들을 십자가에서 상하게 하셨을 때, 그리고 그 아들 안에서 우리의 평화를 이루셨을 때, 이미 모든 조건을 마련하셨다. 이제 그분은 그 마련된 조건을 '그리스도의 은혜의 복음' 속에서 그대에게 보여 주신다.

이는 하나님의 성품에 관한 기쁜 소식이다. 그분은 "여호와라 여호와라 자비롭고 은혜롭고 노하기를 더디하고 인자와 진실이 많은 하나님이라 인자를 천대까지 베풀며 악과 과실과 죄를 용서"(출 34:6-7)하신다.

하나님이 마련하신 조건을 요약하자면 이렇다.

"누구든지 원하는 자는 생명수의 샘을 값없이 마시라"(참조. 계 22:17). 존 번연(John Bunyan)은 또한 이렇게 말했다. "이 나라의 통치자이신 주께서 그분의 책에 그렇게 기록하셨다. 그러므로 우리가 진실로 그 은혜를 원한다면, 하나님은 값없이 우리에게 그 은혜를 주실 것이다."

* 동양의 속담은 이렇게 말한다. "사람이 신에게 한 치 다가가면, 신은 그에게 한 자 다가간다." 이 말은 진리에 어느 정도 접근한 표현이지만, 결국 매우 불완전한 진술에 불과하다. 만일 하나님이 우리의 '한 치'를 기다리셨다면, 우리는 과연 어디에 있겠는가?

7

은혜 이야기를 전하시는 분

이 이야기를 전하러 직접 내려오신 분은 하나님 자신이셨다. 그분은 다른 누구에게도 이 이야기를 맡기시지 않았다. 먼저 친히 선포하신 후에야, 다른 이에게 전하는 일을 허락하셨다.

이 이야기는 너무도 놀라웠다. 다른 어떤 전달자를 통한다면, 사람들이 믿기 어려워할 만큼 낯설고 충격적인 이야기였다. 만일 하나님이 직접 말씀하시지 않았다면, 인간은 이 이야기의 진실성을 의심했을지 모른다. 무엇보다도, 하나님은 자신의 사랑 이야기를 가장 먼저 친히 전하고 싶어 하셨다.

죄책에 사로잡힌 아담의 양심은 하나님에 대해 가혹한 오해를 했을 것이다. 사탄은 이미 그러한 생각을 속삭였다. 그의 말에 어두움을 암시하는 악의가 가득했다. 그는 이렇게 물었다. "참으로 하나님이 너희에게 동산 모든 나무의 열매를 먹지 말라 하시더냐"(창 3:1). 마치 이렇게 덧붙이는 듯했다. "그렇다면, 지금껏 너희가 들어온 그분의 선 이야기는 도대체 무엇이냐? 참으로 이상한 '선'이다!" 이런 가혹한 모함은 인간이 유혹에 굴복한 후 열 배나 더 증폭되었을 것이다. 죄의식이 그 가혹한 생각을 근거로 자기합리화를 하려 했을 것이다. 또 그러한 의식은 자신이 저지른 행위를 별일 아닌 것처럼 축소하고, 하나님은 엄격하고 불친절한 분이라 믿으려 했을 것이다.

그러한 생각을 모두 없애기 위해, 하나님이 친히 내려오셨다. 그분은 다른 이의 목소리를 빌리지 않고, 직접 말씀하셨다. 사람에게 변명할 여지를 남기시지 않고, 은혜 이야기를 그분 자신의 입술로 전하셨다. 그분이 친히 증인이 되셨다. 은혜 이야기가 진실이라는 가장 큰 확신을 주시기 위해 말이다. 또 하나님의 은혜의 목적이 전적으로 진실하다고 보여 주시려고 말이다. 둘 중 어느 것에도, 하나님은 사람이 의심할 틈을 주시지 않았다.

하나님은 친히 말씀하신다. 그분의 가장 깊은 마음으로부터 말씀하신다. 그분의 말씀은 사랑의 말씀이다. 그 말씀은 거짓을 말할 수 없는 입술에서 직접 흘러나온다. 그 말씀은 단순한 언어가 아니라, 진실한 사랑이 가득 담긴 온전한 표현이다. 그러기에 듣는 이의 마음에 의심할 수 없는 확신을 불러일으킨다.

에덴동산에서 들려온 그 음성은 지극히 표현력이 풍부했음에 틀림없다. 바로 하나님의 음성이었기 때문이다. '선율처럼 아름답고, 위엄 있고, 강력한 하나님의 음성'이었다. 불협화음이 가득한 이 세상에서, 마음과 목소리가 좀처럼 하나 되지 못하는 이 땅에서, 우리는 소리에 담긴 표현의 힘을 거의 알지 못한다.

그런데도 때때로, 하나님은 그 아름다운 선율을 허락하신다. 그 음성을 마음 깊은 곳으로 흘려보낼 줄 아는 사람의 목소리는 단순한 소리를 넘어, 듣는 이의 영혼을 흔드는 깊은 울림으로 다가온다. 우리를 웃게도 하고, 울게도 하며, 마음 깊은 곳을 흔들어 놓는다. 왜 그런가? 단지 소리가 아름답기 때문만은 아니다. 그 음성이 말보다 훨씬 풍부하고 깊은 방식으로, 영혼 깊은 곳의 감정을 담아내기 때문이다.

그런데 그 모든 소리를 지으신 분(그 소리의 모든 다양한 능력을 완전히 자유롭게 다스리는 분)이 자신의 신적 감정을 전달하는 도구로 그 소리를 사용하신다면 어떠하겠는가? 그때의 말 한마디 한마디는 두 배로 표현력이 강해지고, 두 배로 살아있는 울림을 지니게 된다. 바로 이것이 아담이 한 경험이었다. 그는 하나님의 음성 그 자체를 듣고 있었다. 그분의 말씀이 전하는 내용만으로도 충분히 은혜로웠다. 그러나 그 말씀을 감싸고 흐르던 하나님의 어조는 그 자체로 마음을 꿰뚫는 깊이와 힘을 지니고 있었다. 그 음성은 무한히 완전하며 표현이 풍성하여, 말씀의 뜻을 두고 오해할 여지를 조금도 남기지 않았다.

어떤 사람은 말보다 목소리에서 더 큰 감동과 의미를 느낀다고 한다. 그렇다면, 전능하신 하나님의 음성은 얼마나 더 크고 깊은 울림을 품고 있겠는가? 설령 사람에 대한 하나님의 깊은 사랑이 말에는 다 담기지 못했을지라도, 그 말씀을 타고 흐른 하나님의 어조는 그 남은 모든 뜻까지도 완전하게 전했을 것이다.

이처럼 하나님은 말씀과 그 어조로 스스로 증인이 되셨다. 그분의 음성을 직접 들으면서, 인간이 과연 의심할 수 있겠는가? 아담이 그 복된 선언을 어떻게 받아들였는지 우리는 정확히 알 수 없다. 그러나 아마도 그는 귀 기울여 들었고, 믿었으며, 기뻐했을 것이다.

잃어버린 양이 돌아왔고, 잃어버린 드라크마를 찾았고, 잃어버린 아들이 집으로 돌아왔다! 안타깝게도, 하나님의 은혜의 복된 소식이 선포될 때, 모든 사람이 늘 그렇게 반응하는 것은 아니다. 이 얼마나 기이한 일인가! 그토록 복된 메시지와 그토록 확실한 증언이 주어졌음에도 불구하고, 사람들은 여전히 하나님의 은혜를 진실이 아닌 것처럼 여기고, 그 은혜에 관한 소식을 참되지 않은 것처럼 대하니 말이다.

바로 이러한 어조로 하나님은 우리에게 변론하신다. 사도의 입술을 통해 우리에게 이렇게 말씀하신다. "만일 우리가 사람들의 증언을 받을진대 하나님의 증거는 더욱 크도다"(요일 5:9).

우리는 사람의 말을 꽤 쉽게 믿는다. 특히 우리에게 유리한 말에는 더욱 그렇다. 그렇다면 하나님이 친히 하신 말씀을 우리는 얼마나 더 기꺼이 믿어야겠는가! 사람은 우리를 여러 번 속였지만, 우리는 여전히 사람의 증언을 신뢰하는 경향이 있다. 하지만 하나님은 결코 우리를 속이신 적 없고, 그분의 진실성을 의심할 이유를 단 한 번도 주신 적이 없다. 그렇다면 우리는 하나님의 증언을 얼마나 더 크고 확고한 신뢰로 받아들여야겠는가!

그러나 현실은 이와 다르다. 우리는 하나님보다 사람을 훨씬 더 쉽게 믿는다. 아니, 하나님보다 사탄을 더 잘 믿는 경향마저 있다. 사람이 진정 우리의 친구라는 보장은 없지만, 우리는 사람을 믿는다. 사탄은 우리의 원수이며, 거짓의 아비라는 것을 우리는 잘 안다. 그런데도 우리는 사탄의 말을 믿는다. 하나님은 결코 우리가 그분에 대해 나쁘게 생각할 이유를 주신 적이 없다. 그럼에도 불구하고, 우리는 하나님이 '그 은혜의 풍성함'을 증언하실 때, 그분의 증언을 받아들이기 거부한다.

참으로 기이하고 슬픈 일이 아닌가? 가장 불합리하고 비뚤어진 모습이 아닌가? 이런 일이 날마다 우리 눈앞에서 실제로 벌어지지 않았다면, 우리는 차마 이런 일이 있으리라고는 믿지 못했을 것이다. 하나님의 은혜 이야기가 우리를 놀라게 한다면, 인간의 불신에 관한 이야기는 훨씬 더 큰 경악을 불러일으킨다.

하나님은 바로 이러한 불합리함에 대해 우리를 책망하신다. 그분은 우리의 뒤틀린 행실을 두고 우리에게 호소하신다. "너희는 사람의 말을 들으면서 어찌하여 내 말은 듣지 않느냐? 너희는 일상의 모든 일을 이웃을 신뢰하며 처리하지 않느냐? 그런데 왜 영원을 좌우하는 일은 나를 믿고 내게 맡기지 않느냐? 내가 믿을 수 없는 존재라는 것이냐? 나의 증언이 의심받아야 하느냐?" 하나님은 우리에게 이렇게 변론하신다. 사실 그분은 우리를 단 한마디의 권면 없이, 정의로운 심판에 따라, 거절하실 수 있는 분임에도 말이다.

이처럼 하나님은 친히 우리의 불신앙을 지적하시며 우리가 그분을 어떻게 대하는지 가장 어두운 빛 아래 드러내신다. 그 방식 속에서 우리는 어떤 변명도 할 수 없게 된다. 만일 우리가 원래 그 누구의 말도 믿지 않는 사람이었다면, 이러한 불신앙의 태도를 조금은 정당화할 수 있을지 모른다. 그런데 우리는 날마다 그렇게도 자연스럽고 손쉽게 '사람의 증언'을 받아들이면서도, 그보다 훨씬 더 확실하고 강력한 하나님의 증언을 거부하고 의심하니, 변명의 여지가 전혀 없다.

바로 이 불신앙을 두고 그리스도께서 이스라엘을 책망하셨다. "내가 진리를 말하는데도 어찌하여 나를 믿지 아니하느냐"(요 8:46). 이 불신앙을 두고, 하나님은 사도 바울을 통해 세상을 이렇게 책망하신다. "이는 그들이 진리의 사랑을 받지 아니하여 구원함을 받지 못함이라"(살후 2:10). 그리고 이 문제를 두고 하나님이 우리에게 엄숙하게 경고하신다. "너희는 삼가 혹 너희 중에 누가 믿지 아니하는 악한 마음을 품고 살아 계신 하나님에게서 떨어질까 조심할 것이요"(히 3:12).

바로 이 악한 불신의 마음이 아담을 하나님에게서 멀어지게 했다. 그리고 여전히 이 동일한 불신의 마음이 아담의 자손인 우리를 하나님에게서 멀어지게 한다.

하나님께 가까이 가지 못하는 것은 우리의 죄가 너무 크기 때문은 아니다. 하나님은 그 모든 죄를 해결하고 잊어버리기를 기꺼이 원하신다. 문제는 불신하는 악한 마음이다! 이 불신하는 마음이 이스라엘을 가나안 땅에 들어가지 못하게 했고, 그들을 광야에서 멸망하게 했다. 그리고 지금 이 불신하는 마음이 사람을 더 나은 가나안 땅에 이르지 못하도록 막으며, 그들을 고통의 깊은 나락에 넘겨 버린다.

불신앙은 하나님을 가장 근심케 하고, 가장 불명예스럽게 하는 죄다. 불신앙은 하나님의 은혜 이야기를 부정하는 것이다.

나아가 하나님의 자리에 거짓된 다른 것을 두고 믿는 죄다. 불신앙은 하나님의 형상을 훼손하는 죄요, 하나님의 성품에 먹칠을 하는 죄다. 또 그분의 우정을 거절하는 죄고, 하나님보다 자아와 세상을 더 사랑하는 태도다.

불신앙은 하나님의 아들과 그 안에 있는 생명의 선물을 의도적으로 거부하는 죄다. 이 선물을 받아들이기 망설이며 늦추는 모든 순간은 단순한 무관심이나 중립 이상의 의미를 담고 있다. 그것은 명백하고 의식적인 거절을 뜻한다! 하나님은 이 어두운 죄책으로 인해 세상을 책망하신다.

그리고 나는 이 글을 읽는 모든 불신하는 영혼을 바로 이 동일한 죄로 인해 책망하려 한다. 여기서 나는 믿음을 갖기 위해 성령님의 내적 사역이 절대적으로 필요하다는 신학적 논의를 하려는 것이 아니다. 나는 단지 하나님의 권위 아래, 당신이 이 불신앙의 죄를 고의로 행하고 있으며, 하나님의 무한한 선물을 의도적으로 거절하고 있다는 사실을 엄숙히 고발하는 것이다.

하나님이 그으신 경계선은 그분의 증언을 받아들이는 자와 받아들이지 않는 자 사이에 놓여 있다. 그분의 증언을 받아들이는 모든 자는 영생을 얻으며, 결코 정죄에 이르지 않는다. 그러나 그것을 받아들이지 않는 자는 이미 정죄 아래 있다. 그리고 장차 다가올 영원한 심판의 때가 점점 무르익고 있다.

하나님의 은혜 이야기를 듣고, 마치 어린아이가 어머니의 사랑 이야기를 받아들이듯 그 말씀을 받아들이는 이는 하나님께 속한 가족의 일원이며, 하늘나라의 상속자다. 반면에, 그 말씀을 거부하고 귀를 닫은 채, 세상의 아첨이나 사탄의 거짓에 귀를 기울이는 자는 하나님의 은총에서 벗어난 자이며, 영원히 꺼지지 않을 진노의 유산을 물려받을 자다.

독자여, 당신은 지금 이 경계선의 어느 편에 있는가? 죽을 때 어느 편에 있기를 바라는지 묻는 게 아니다. 바로 지금 이 순간, 당신이 그 경계선의 어느 쪽에 있는지 묻는 것이다. 이 경계선의 한쪽에는 생명이 있고, 다른 한쪽에는 사망이 있다. 지금 당신이 붙들고 있는 몫은 어느 쪽인가?

이 경계선이 너무 좁아 보이는가? 그 선을 넘는 것만으로 생명을 얻는다는 사실이 이해하기 어려운가? 그 선 안에 머무르면 곧 사망이라는 사실이 이상하게 들리는가? 그러나 기억하라. 이 선을 긋는 이는 사람이 아니라, 하나님이시다. 그렇다면, 하나님이 친히 정하신 이 경계선을 누가 감히 바꿀 수 있겠는가?

이 경계선은 임의로 그어진 선이 아니다. 신앙은 하나님의 성품 안에 있는 모든 은혜롭고 영화로운 것을 믿는 것이다. 또 믿음으로 말미암아 참된 복됨에 이르게 하는 모든 것을 받아들이는 것이다. 반면에, 불신앙은 이 놀라우신 하나님의 무한한 본성을 차단하는 것이며, 나아가 그분과 정반대되는 것들을 적극적으로 믿는 것이다. 그런데도 여전히, 왜 신앙과 불신앙 사이의 선택에 그토록 중대한 결과가 달려 있는지 이상하게 느껴지는가?

사실 그것은 모든 존재의 본성 안에서 너무도 당연한 일이다. 당신은 이렇게 물으려 하는가? 왜 이 얇은 눈꺼풀을 여닫는 일에 빛과 어두움의 경계가 결정될까? 교회 묘지나 봉안당은 그토록 침울하고 우울한데, 왜 여름 들판은 마음에 그토록 큰 기쁨을 줄까? 왜 우리가 사랑하는 사람과의 만남은 그렇게도 기쁘고, 이별은 그토록 고통스러울까? 왜 사랑하고 사랑받는 일은 그토록 달콤한데, 미워하고 미움받는 일은 그토록 끔찍할까?

당신은 이런 일을 임의적인 현상으로 여기지 않을 것이다. 이 모두는 단지 당신의 본성과 밀접하게 연결되어 있다. 당신의 사고는 그 이치와 원인에 미치지 못한다. 이 모두는 존재 깊숙한 곳에 숨은 미지의 조화에 속해 있다. 그리고 오직 우주의 설계도를 보신 분, 그 거대한 구상의 모든 세부를 통달하신 분, 곧 영원한 건축가이신 하나님만이 그 모두를 처음 계획하셨을 때 그 중심에서 내려다보셨던 바로 그 시선으로 이 모든 조화를 파악하실 수 있다.

혹시 복을 너무 쉽게 주는 것처럼 들리는가? 이렇게 말하고 싶은가? "이 모두가 은혜로 되는 일이고, 그토록 쉬운 조건으로 생명을 얻을 수 있다면, 도덕과 율법, 거룩한 삶은 다 무엇인가?" 그 대답은 이렇다. 이 모두(도덕과 율법, 거룩한 삶)는 이미 충분히 예비되어 있다. 그리고 사실상 이 모두는 다른 어떤 방식보다도 은혜의 방식 안에서 훨씬 더 온전하고 철저하게 확보된다.*

은혜야말로 거룩함의 목적이 이루어지고, 율법의 성취가 보장되는 유일한 길이다. 왜냐하면 율법은 누려움의 율법이 아니라, 사랑의 율법이기 때문이다. 율법을 참되게 지키는 유일한 방법은 사랑 안에서 지키는 것이다. 율법을 지키도록 우리를 이끄는 동기는 양심뿐만 아니라, 마음에도 호소해야 한다. 영혼 안에 있는 사랑과 너그러움을 향해 말을 걸어야 한다. 그 동기는 강제나 두려움 위에 세워져서도 안 되고, 불확실한 용서를 기다리는 상태에서 작동해서도 안 된다.

만일 어떤 사람이 용서를 받기 위해 기다리고 일해야만 한다면, 거기에는 강제가 따르고 공포가 있으며 불확실성이 존재한다. 그러면 사람의 애정은 얼어붙고, 마음은 더 이상 자유롭게 움직일 수 없다. 다시 말해, 그런 상태에서는 율법이 전혀 지켜질 수 없다. 죄인의 발이 공포가 몰아가는 방향으로 어느 정도 움직일지 모르지만, 그것이 전부일 뿐이다.

죄인이 사랑의 율법을 지키는 유일한 길은 그에게 자유로운 용서를 전하는 것, 무조건적인 사랑을 확신시키는 것, 하나님의 은혜를 온전히 소유하게 하는 것, 또 이 모두를 지체 없이, 기다림 없이, 행위 없이, 불확실성 없이, 남겨진 진노 없이 즉시 베푸는 것이다.

그렇다면 이 일이 믿음 없이 어떻게 가능하겠는가? 행위로는 불가능하다. 사도 바울은 이렇게 말했다. "그러므로 상속자가 되는 그것이 은혜에 속하기 위하여 믿음으로 되나니"(롬 4:16).

죄 짐을 지신 한 분이 우리에게 계시되었고, 그분의 속죄 사역에 관한 기쁜 소식이 우리에게 선포되었다. 그리고 우리가 이 소식을 믿을 때, 즉시 용서가 주어진다. 우리는 더 이상 불안 속에 머물지 않는다. '우리는 하나님과 화평을 누린다.' 화해는 즉시 이루어진다. 그렇다면 그 결과는 무엇인가? 하나님을 향한 사랑, 그분의 뜻을 행하고자 하는 열망, 율법을 향한 사랑, 율법을 기꺼이 지키고자 하는 즐거움, 또 하나님 자신과 온전히 일치되고자 하는 깊은 갈망이다. 이 얼마나 단순하고 복된 일인가!

분명 복음을 지으신 분은 우리의 본성을 잘 아셨다. 그분은 사람의 마음을 창조하신 이로서, 그 마음의 문을 어떻게 두드려야 할지 아셨다. 그분이 우리가 사랑의 율법을 지키게 하시려고,

복음의 가장 처음 순간부터 사랑을 주입하신다. 공포로는 이룰 수 없다. 불확실성은 사람을 거룩하게 할 수 없다. 의심스러운 용서는 우리의 속박을 풀 수 없다. 복음은 결코 임의적인 체계가 아니다. 복음은 가장 자연스럽고 가장 단순한 방식이며, 거룩한 삶을 가능케 하는 유일하고 충분한 동기를 제공한다. 기쁨에 찬 확신과 어린아이 같은 사랑의 응답을 끌어내는 유일한 길이다.

자유로운 복음을 방종의 문이라 조롱하는 자는 복음도 율법도 모르는 자다. 그들은 인간 본성을 모르며, 인간 마음을 움직이는 내면의 샘을 어떻게 자극해야 하는지도 모른다. 그들이 말하는 거룩함은 강요와 공포, 우울한 불확실성의 열매일 뿐이다. 그들은 용서를 오랜 순종이나 고행을 통해 간신히 획득해야 할 수고의 보상으로 만든다.

그러나 하나님께 있는 참된 거룩함은 해방된 영혼이 사랑의 순종 속에서 자신을 기꺼이 쏟아내는 삶이다.** 하나님은 자유롭고 완전한 용서의 선물을 주셔서, 이 거룩함을 이루신다. 그분이 사랑하시는 아들의 십자가에 나타난 은혜의 증언을 우리가 믿기만 하면, 이 용서는 우리의 것이다.

* "그분은 그 여인을 돌아보셨다. 그리고 용서와 자비의 눈빛으로 말씀하셨다. '네 죄가 사함을 받았느니라.' 주목하라. 신성을 지니신 그 구속자는 새 삶에 대해서도, 자기 절제에 대해서도, 도덕적 억제에 대해서도 단 한 마디도 말씀하시지 않았다. 왜 그런가? 그분은 그녀가 많이 사랑하고 있다는 사실을 아셨기 때문이다. 그리고 그분은 아셨다. 참된 사랑은 죄에 대한 슬픔을 단순한 감정에 머물게 하지 않으며, 반드시 죄를 버리는 데까지 이르게 한다는 사실을.

사람은 종종 용서받은 죄인이 과거에 저지른 죄를 더 이상 생각하지 않으리라 여긴다. 그러나 그분은 아셨다. 죄인은 오히려 용서를 받은 후에야, 비로소 그 죄를 있는 그대로 보기 시작한다는 것을. 죄의 실상을 인식하기 시작한다는 것을. 또 죄가 얼마나 무서운지 처음으로 깨닫기 시작한다는 것을.

그리고 죄인은 죄로 말미암아 눈물을 흘리기 시작한다. 왜냐하면 그는, 그토록 용서하기를 기뻐하시며, 진노하기를 더디 하시는 하나님을 향해 죄를 지었기 때문이다"(지롤라모 포르넬리의 글에서 발췌).

** "어떤 사람이 내게 '믿음으로 내가 의롭게 된다면, 왜 선한 일을 하는가?'라고 묻는다면, 나는 이렇게 대답할 것이다. '사랑이 나를 강권하기 때문이다.' 내 영혼이 하나님께서 그리스도 안에서 베푸신 사랑을 느끼는 한, 나는 하나님을 사랑하지 않을 수 없다. 나는 그분의 뜻과 계명도 사랑하지 않을 수 없다. 그리고 사랑 안에서 나는 그 계명을 행한다. 그럴 때, 그 계명들은 내게 결코 무거운 짐처럼 느껴지지 않는다"(『틴들 성경』의 "출애굽기 서문"에서).

"죄는 병이다. 그렇다면 해독제는 무엇인가? '자선'인가? 말도 안 된다. 자선은 치료제가 아니라, 오히려 치유된 상태, 곧 치료를 통해 도달하는 건강한 모습이다. 진정한 치료제는 은혜에 대한 믿음, 하나님의 아들이신 예수 그리스도, 그분의 십자가와 중보, 온전한 의로움에 대한 믿음이다. 그리고 이 믿음은 우리 자신의 어떤 의로움도 전적으로 거부하고 부정하게 한다. 오직 믿음만이 회복의 길이다. 믿음은 근원이다. 그리고 자선, 곧 그리스도인의 모든 삶은 믿음으로부터 흘러나오는 시내다"(콜리지의 『문학 유고』 중에서).

8

은혜 이야기의
첫 광선

아담은 은혜에 대해 아무것도 알지 못했고, 그런 것이 가능하다는 생각조차 할 수 없었다. 그래서 하나님을 피해 달아났다. 그는 하나님을 두려워했으며, 하나님의 진노를 두려워했다. 용서에 대한 소망이 그의 마음속에 전혀 들어올 수 없었기 때문이다. 그는 하나님을 마주하기에 부끄러움을 느꼈다. 또 하나님의 임재 앞에 설 수 없다는, 자신은 부적합하다는 의식이 그를 사로잡았다. 그의 악한 양심은 이렇게 말했다. "이제 하나님은 나의 원수가 되었으며, 하나님의 손에서 받을 수 있는 호의란 더 이상 존재하지 않는다."

조건 없는 사랑은 아직 계시되지 않았다. 그리고 그런 사랑의 개념은 피조물에게서 시작될 수 있는 것이 아니다. 오직 하나님만 그러한 일이 어떻게 가능한지 밝히실 수 있었다. 오직 하나님만 그 사랑의 가능성을 인간에게 처음 제시하실 수 있는 분이었다. 그래서 사람이 도망쳤을 때, 하나님이 그를 뒤따르셨다. 사람은 하나님에게서 도망치려 했고, 최대한 그분의 시야에서 멀어지려 했다. 한때 복되던 하나님의 임재는 이제 두려움 그 자체였다. 그러나 하나님이 나무 사이에서 그를 따라잡으셨다. 곧바로 죄에 대한 수색이 시작되었다.

하나님은 아담부터 시작하셨다. 그는 피조 세계의 대표자요 머리였기에, 하나님은 지금껏 그와 관계를 맺어 오셨다. 그 동일한 죄는 여인을 추적하여 그녀에게도 책임을 물었다. 그 죄는 다시 뱀에게까지 소급되었다. 이처럼 죄는 그 모든 뒤틀림과 얽힘 속에서 낱낱이 드러났다. 장차 심판 날에 하나님이 어떻게 모든 죄악을 밝히 드러내시고, 온 우주 앞에 그 가증함을 낱낱이 드러내실지 미리 보여 주는 한 표본이다.

악의 근원이 마침내 추적되었을 때, 하나님의 판결이 선포되었다. 죄에 대한 수색은 아담에서부터 시작되었다. 하지만 죄에 대한 판결은 그 모든 사악함의 기원을 제공한 뱀에게서 시작했다. 판결은 겉보기에 진노의 선고처럼 보였으나, 실상은 사람을 향한 은혜의 선언이었다. 그 말씀은 죽음을 말했지만, 그 안에는 생명이 담겨 있었다.

그 판결은 인간의 불순종으로 인해 짙은 어둠이 드리운 세상에 처음 비친 새벽빛 같았다. 그 판결은 아담에게 직접 주어지지 않았고, 그가 듣는 자리에서 주어졌다. 이는 은혜와 생명이 아담 안에 있는 어떤 선한 것에서 비롯되지 않았음을 깨닫게 하시려는 의도였다. 이 은혜는 오직 하나님의 긍휼과, 이미 벌어진 악을 되돌리고자 하시는 하나님의 간절한 뜻에서 비롯되었다.

뱀에게 선포된 판결은, 하나님이 인간을 무너뜨린 그 원수에 맞서, 사람의 편에 서셨음을 우리에게 확증해 준다. 바로 그 점에서 이미 은혜의 빛이 드러난다. 하나님은 인간과 그 유혹자 사이에 끼어드셔서, 뱀이 인간에게 저지른 행위에 분명한 불쾌감을 표현하셨다. "네가 이렇게 하였으니"(창 3:14). 이는 원수를 정죄하시는 하나님의 말씀이다. 그리고 그분은 사탄 위에 저주를 선포하신다. 사탄이 지금은 이긴 듯 보일지라도, 결국 그는 패망하리라고 예언하신다. 이것이 곧 은혜였다.

더 나아가, 하나님은 여인에게서 한 씨가 나올 것을 약속하셨다. 더욱 특별한 은혜였다. 여인이 즉시 사망의 형벌에 사로잡히지 않으리라는 뜻이었기 때문이다. 바로 그 씨를 통해, 사탄이 파멸할 것이다. 여인과 뱀 사이에 더 이상 우정은 없을 것이다. 그들은 죄의 공모자이며 범죄의 공범이었으나, 이제부터는 서로 원수로 갈라설 것이다. 그들의 씨 사이에 죽음을 불사한 치열한 대립이 계속될 것이다. 결국 승리는 여인의 씨에게 돌아갈 것이다. 그러나 승리는 그분의 발꿈치가 상함을 통해 이루어질 것이다. 바로 이 모든 것이 은혜였다. 하나님의 모든 말씀마다, 죄인을 향한 그분의 은혜로운 뜻이 담겨 있었다.

이 은혜는 죄에 대한 하나님의 증오에서 비롯되었거나, 적어도 그 증오에 기초했다. 이 말씀은, 어떤 은혜가 주어진다고 하더라도, 그 은혜는 반드시 죄에 대한 하나님의 혐오를 드러내는 방식으로만 인간에게 다다를 수 있다고 분명히 보여 준다. 죄는 무한한 악으로 다루어져야 한다. 죄는 결코 하나님이 가볍게 지나치거나 무관심하게 여기실 수 있는 일이 아니다. 때때로 사람은 하나님이 죄에 대해 관대하거나 무관심하셔서 은혜가 가능하다는 듯 말한다. 그러나 하나님은 바로 처음부터 그런 생각은 결코 사실이 아니라고 분명히 밝히셨다.

은혜는 오직 죄의 극심한 혐오스러움을 인정하는 방식으로만 나올 수 있다. 그 혐오스러움은 너무도 크고 심각하다. 따라서 죄를 제거하거나 용서하는 유일한 방법은 하나님이 그 죄를 친히 다루시는 것이다.

지금도 그 원리는 동일하다. 오직 "죄로 심히 죄 되게 하려 함"(롬 7:13)과 죄인의 전적인 무가치함을 함께 인식할 때, 은혜는 비로소 온전히 이해된다. 죄가 완전히 악한 것이 아니며, 죄인이 전적으로 무가치하지 않다면, 은혜는 아무런 의미를 지니지 못한다. 그래서 '자기 의'와 은혜는 서로 전혀 양립할 수 없다. 그러므로 우리가 용서를 받기 위해 죄를 변호하거나 합리화하는 순간, 우리는 이미 은혜에서 멀어지는 것이다.

우리가 하나님께 용서를 덜 구해도 되는 존재가 되고자 자기 안에서 어떤 선한 감정이나 행위를 찾는다면, 그 순간 우리는 은혜를 거부하는 것이다. 우리 죄가 너무 크거나, 너무 자주 반복되었다는 이유로 마음에 의심이 움트기 시작할 때, 우리는 은혜의 본질이 무엇인지 벌써 잊어버린 것이다. 우리가 죄인 중에 괴수보다는 덜 악한 자로 자신을 여기며, 어떤 식으로든 평안을 얻거나 회복하려 한다면, 우리는 은혜를 오해하고 있다. 이는 은혜가 반드시 그 위에 세워져야 할 근본적 토대, 곧 죄는 형언할 수 없이 사악하며, 하나님은 그 죄를 결코 가볍게 여기시지 않는다는 불변의 진리를 부정하는 행위다.

주님이 "내가 의인을 부르러 온 것이 아니요 죄인을 불러 회개시키러 왔노라"(눅 5:32)라고 말씀하셨을 때, 그분의 마음에는 바로 이 진리가 자리하고 있었다. 주님이 선포하신 은혜는 사람을 다른 어떤 존재로서가 아니라, 오직 '죄인'으로서 대하시는 은혜였다.

이처럼 하나님의 은혜로운 성품이 드러나기 시작했다. 하나님이 인간의 편에서, 그를 무너뜨린 대적에 맞서 싸우고 계심이 분명히 드러난 것이다. 이는 마치 하나님이 이스라엘에게 "내가 네 원수에게 원수가 되고 네 대적에게 대적이 될지라"(출 23:22)고 하셨을 때처럼, 그분의 은혜가 명백히 나타난 순간이었다. 인간의 편에 서기로 작정하신 하나님은 그로써 그분과 인간의 원수 사이에 스스로 서셨다. 뱀과 그 후손에게 영원한 전쟁을 선포하셨다. 그러나 인간에게는 결코 전쟁을 선포하시지 않았다. 오히려 인간과의 관계 회복을 암시하셨는데, 그분이 사탄을 무찌를 도구로 삼으신 이는 다름 아닌 여자의 후손이었다.

참으로 놀라운 일이다. 설령 그 이상이 아니었다 해도, 이 선포는 적어도 한 차례의 유예였다. 형벌이 완전히 철회된 것은 아니지만, 그 효력이 잠시 유보된 것이다. 그러나 이 선포는 그 이상이었다. 하나님의 마음속에 담긴 은혜, 곧 조건 없는 사랑이 암시되었다. 자신의 목적을 이루기까지 어떠한 대가도, 어떠한 수고도, 어떠한 희생도 아끼지 않는 사랑이었다.

물론 은혜에 대한 계시는 아직 희미하고 부분적이었다. 하지만 그것만으로도 아담은 이 사실을 분명히 깨달을 수 있었다. 하나님이 죄를 얼마나 미워하시든 간에, 그분은 사람을 원수가 아닌 친구로 삼고 복 주기 원하신다.

비록 죄인이 되었으나, 인간은 여전히 하나님과 친교를 누릴 수 있었다. 비록 죄가 없다는 듯 전적으로 사랑받을 수는 없었지만, 하나님의 사랑을 다시 맛볼 수 있었다. 사람은 자신을 지으신 하나님께로 달려갈 수 있었고, 그분의 날개 그늘에 피할 수 있었다. 더 나아가 사람은 그분의 영원한 팔에서 기쁨도 누릴 수 있었다.

그는 더 이상 창조주를 피해 숨을 필요가 없었다. 그분의 임재 안에는 오직 멸망과 공포만 있는 것이 아니기 때문이다. 물론 인간은 그 상태를 철저히 바꾸어 놓았지만, 하나님 안에 그 달라진 상태를 감당할 만한 무언가가 있었다. 물론 과거에 하나님이 자신을 드러내신 방식으로는 그 상태를 다룰 수 없었다. 그렇지만 이제 하나님이 친히 내려오셔서, 이 새로운 상태를 감싸안을 무언가가 그분 안에 있다고 알리셨다. 그것은 진노가 아니라, 바로 은혜였다.

구원의 빛이 비치는 첫 번째 광선이었다. 아직 해가 떠오른 것은 아니었다. 그 해는 오랜 세월이 지난 후에 솟아오를 것이다. 아직 아침도 아니었다. 그것은 다만 먹구름 위에 비친 첫 번째 빛줄기였다. 그 빛은 새벽을 예고했으며, 해가 뜨리라는 확실한 전조였다. 구름이 곧바로 거둬진 것도 아니었다. 땅 위에 임한 저주도 사라지지 않았다. 인간의 회복도 아직 완성되지 않았다. 그러나 이제 그 모두가 성취될 구속의 과정이 시작했다고 분명히 암시했다.

사탄은 끝내 승리하지 못할 것이다. 죄는 더 이상 아무 방해 없이 세상을 마음대로 다스리지 못할 것이다. 그리고 무엇보다 중요한 것은 하나님의 은총이 이제 확정되었다는 사실이다. 그것으로 충분했다. 나머지는 하나님이 정하신 때 차례대로 이루어질 것이다. 하나님의 은총이 회복되었다면, 사람이 어찌 소망을 품지 않을 수 있겠는가? 그 은총은 모든 어둠을 밝히고, 모든 슬픔을 기쁨으로 바꿀 것이다.

이것이 바로 은혜의 소식이었고, 아담이 들은 값없이 주어진 사랑 이야기였다. 그리고 그가 처한 상황에 꼭 필요한 소식이었다. 이 소식은 하나님으로부터 도망치던 아담의 발걸음을 멈추게 했다. 그가 하나님에 대해 얼마나 크게 오해했는지 일깨워 주었다. 그리고 자신의 안전이 하나님으로부터 도망치는 데 있지 않고, 오히려 그분께 되돌아가는 데 있음을 깨닫게 했다. 이 소식은 아담이 몸을 가리던 무화과나무 잎을 떨어뜨렸다. 훨씬 더 나은 옷, 곧 하나님의 손으로 지으신 옷이 있음을 알려 주었기 때문이다. 이 소식은 아담의 마음을 움직였고, 그의 의심을 풀었으며, 그의 모든 두려움을 잠재웠다.

동시에 이 소식은 아담으로 자기 죄를 깊이 부끄러워하게 했다. 그는 하나님의 얼굴을 피하려고 짙은 어둠의 그늘에 숨었지만 은혜가 그를 조용히 끌어냈다. 아담이 느꼈던 공포와 위협은 결코 그를 그렇게 끌어내지 못했을 것이다. 오히려 그가 무화과나무 잎을 더 단단히 움켜쥐게 만들고, 더 깊은 그늘로 도망치게 했을 것이다. 그러나 이 예기치 못했던 가장 복된 은혜의 발견은 그의 영혼에 평화를 선포했다. 이 소식은 아담에게 이렇게 말했다. 하나님이 여전히 그의 친구가 되기 원하시며, 그를 다시 아버지의 품으로 맞아들일 준비가 되어 있으시다.

하나님의 은총을 얻거나, 복된 소식을 누리기 위해 아담이 수행해야 할 명령은 없었다. 그가 하나님께 받은 것은 오직 값없이 주어지는 사랑 이야기였다. 혹은 적어도 그 윤곽이었다. 그는 귀 기울여 들었다. 그 말씀을 전하는 분은 다름 아닌 하나님 자신이셨다. 그러므로 그 안에 어떤 속임수도 있을 수 없다. 그는 하나님이 진실을 말씀하신다고 신뢰했다. 그는 믿었으며, 그의 영혼에 다시 평안이 찾아왔다.

사랑 이야기가 밖에서 그에게 들어가자, 성령님이 안에서 그의 마음속 깊이 가르치셨다. 이 사랑 이야기는 그가 양심의 혼란을 잠재우고, 마음의 기쁨을 회복하는 데 필요한 전부였다.

이제 더 이상 의심하거나 의혹을 품을 여지는 없었다. 하나님은 많은 말씀을 하시지 않았지만, 그 적은 말씀만으로도 아담은 나 같은 죄인도 하나님을 신뢰할 수 있다는 사실을 분명히 알 수 있었다. 그분을 의심하거나 불신하는 것은, 하나님 안에 그런 죄인을 위한 은혜가 충분하지 않다고 말하는 것이었다. 또는 자신이 필요로 하는 바로 그 은혜가 그분 안에 없다는 말이었다. 그러나 이는 곧 하나님의 성품에 대해 방금 계시된 그 진리를 불신하는 것이며, 그 계시를 신뢰하지 않는다는 뜻이다.

비록 그 메시지가 아주 간략히 선포되었지만, 만일 사람이 어떤 방식으로든 거기에 의심을 품는다면, 그는 더 이상 변명할 수 없는 처지에 놓이고 만다. 죄가 아무리 선을 크게 넘었다 하더라도, 그 죄를 감당하고도 남을 은혜가 이미 계시되었기 때문이다. 사람이 아무리 무가치한 상태에 놓여 있다 하더라도, 하나님은 여전히 그 자리에서, 바로 그 무가치한 자에게 적합한 성품을 지닌 분으로 자신을 드러내신다. 그러므로 자신의 무가치함으로 인한 그 어떤 의심도 즉시 반박될 수 있다.

그것은 단지 반박되는 것에 그치지 않는다. 사실상 그런 의심은 자기 자신에 대한 진정한 무가치함을 겸손히 인식한 것이 아니다. 하나님 안에 그 무가치함을 감당할 만한 충분한 은혜가 없는 불신 또는 부인이다. 나아가 그것은 사실상 교만이다. 곧, 자신이 하나님께 그토록 큰 빚을 지게 되기를 거부하는 교만이다. 그런 교만은 자신의 무가치함을 느끼는 겸손한 태도가 아니라, 오히려 하나님 앞에 자신의 어떤 선함도 은총을 얻는 근거로 제시할 수 없다는 실망에서 비롯된다.

독자여, 당신은 지금 하나님의 은혜 이야기가 시작되는 장면을 마주하고 있다. 지금까지 전해진 이야기 가운데 가장 참되고 복된 이야기다. 여기에는 과장도 없고, 상상으로 꾸며낸 묘사도 없다. 이 모두가 실재, 은혜의 실재다. 이 이야기는 아담에게 주어졌을 뿐만 아니라, 당신에게도 직접 주어진 말씀이다. 당신의 첫 조상에게 주어진 메시지를 그의 자손이 억지로 해석하거나, 교묘히 가로채 자기 몫으로 만들려는 시도가 아니다. 이는 처음부터 당신을 위한 메시지였다. 그리고 바로 이 메시지를 당신이 어떻게 받아들이느냐에 따라, 당신의 용서와 복이 결정된다.

이 이야기를 어떻게 받아들일 것인가? 이 사랑 이야기를 들려주시는 분은 하나님이시다. 그분의 말씀에 귀를 기울일 것인가? 그분의 사랑이 담긴 말씀이 땅에 비처럼 떨어지고, 이슬처럼 스며들게 내버려둘 수 있을까? 하나님의 요구는 단 하나, 곧 들으라는 것이다. "내게로 나아와 들으라 그리하면 너희의 영혼이 살리라"(사 55:3).

당신은 사람의 말을 헤아릴 수 없이 많이 들었다. 그렇다면 당신을 지으신 하나님의 말씀에도 한 번쯤 귀를 기울여야 하지 않겠는가? 이 땅의 사랑 이야기는 넘치도록 들었다. 그렇다면 단 한 번쯤 하늘의 사랑 이야기도 들어볼 만하지 않겠는가?

세상의 이야기는 영혼의 미각을 둔화시키고, 내면을 무디게 하며, 때로 도덕적 존재 전체를 병들게 한다. 그러나 이 이야기는 하나님의 치유가 담긴 이야기다. 그 안의 모든 말씀은 마음을 어루만지고, 영혼을 새롭게 하며, 기쁨을 준다. 어떤 찌꺼기나 피로도 남기지 않는다. 그렇다면 이 이야기에 귀 기울인다는 것은 참으로 가치 있지 않겠는가?

지금까지 들은 내용은 단지 그 개요에 불과하다. 그것만으로도 이미 은혜가 충만하다. 그렇다면 이 놀라운 이야기가 본격적으로 펼쳐질 때는 어떠하겠는가? 그 안에 담긴 은혜는 얼마나 더 깊고 풍성하겠는가?

이 이야기는 에덴동산에서 처음 그려지기 시작했다. 그리고 선지자와 사도를 통해 계속해서 전해졌다. 지금도 온 땅에 전해지고 있다. 그런데도 우리는 여전히 이렇게 말할 수밖에 없다. 이 이야기는 아직 그 절반도 알려지지 않았다.

9

여자의 후손, 고난받는 분, 정복자

"하나님 안에 죄인인 인간을 위한 은혜가 있는가?"라는 질문에 이제 답이 주어졌다. 하나님의 선언은 이렇다. 은혜가 있다. 그러나 이제 또 다른 질문이 제기된다.

이 은혜는 어떻게 실행되는가? 하나님 안에 자유로운 사랑이 있고, 복 주시고자 하는 가장 진실한 뜻이 있다 할지라도, '의'가 이를 흘러가지 못하게 한다면, 어떻게 되는가? 이 은혜와 사랑은 어떻게 그 자체를 흘려보낼 수 있는가? 어떻게 인간이 그 은혜에 참여할 수 있는가? 과연 죄와 죄인 사이에 구별이 가능할까? 죄는 정죄되고, 죄인은 무죄를 선고받을 수 있을까? 한쪽은 저주의 대상이 되고, 다른 한쪽은 복의 대상이 될 수 있을까?

하나님은 이 질문에도 답하신다. "그것을 이룰 수 있는 길이 있다. 그 길은 의로운 길이다. 그 길은 여자의 후손을 통해 이루어진다. 바로 그를 통해 율법의 요구를 의롭게 충족하고 완성하는 의로운 해결 방식이 실행될 것이다."

이 첫 번째 약속 안에서 우리는 그에 대해 세 가지 사실을 엿볼 수 있다. 첫째, 그는 여자의 후손이다. 둘째, 그는 발꿈치가 상할 것이다. 셋째, 그는 뱀의 머리를 상하게 할 것이다. 다시 말해 그는 사람으로서 고난을 겪는 자, 정복자가 될 것이다.

그는 사람이 될 것이다. 곧 '여자의 씨'로 태어나며, 살과 피를 지닌 존재, 한 인간이 될 것이다. 그러나 동시에 그분은 단순한 인간 이상일 것이 분명하다. 왜냐하면 그분은 사람을 구원할 자이시기 때문이다. 또한 천사보다 뛰어난 분이시기도 하다. 왜냐하면 사탄을 멸하실 분이기 때문이다. 그분은 사람이지만, 단순한 사람 그 이상의 존재이시다. 그분은 사람이지만, 타락한 천사인 대적보다 더 위대하고 강력한 존재이시다.

이것이 바로 구속자의 인격에 대해 하나님이 아담에게 허락하신, 간결하면서도 신비롭지만 매우 포괄적인 최초의 묘사였다. 사람이지만, 사람 이상인 자. 이것이 하나님이 처음으로 아담에게 계시하신 정복자에 대한 위대한 관념이었다. 그리고 하나님은 그가 이 위대한 신비를 깊이 숙고하며, 모든 면에서 돌이켜 생각해 보고, 그 깊이를 탐색하게 하셨다. 아담은 그 신비를 여러 방향에서 돌이켜 생각하고, 그 깊이를 탐구하는 가운데, 마침내 더 많은 말씀을 들을 준비가 되었다.

그 간결한 계시는 실로 많은 것을 담고 있다. 그것은 하나님이 성경 전체를 통해 끊임없이 행하시는 일을, 곧 사람의 시선이 어떤 사물이나 개념이 아닌 한 인격으로 향하게 하는 일을 말이다. 사물이나 교리가 아닌 한 사람을 바라보게 했다. 또 진리 그 자체보다 인격적 구속자를 바라보게 했다. 우리 시대의 어떤 신앙인은 이를 다음과 같이 매우 진실하게 힘 있게 표현했다.

"기독교 신앙의 특권과 그 힘의 비밀은 그 신앙이 소유한 모든 것과 제공하는 모든 것이 한 인격 안에 간직되어 있다는 사실에 있다. 이것이 바로 수많은 종교가 약함을 드러낼 때도 기독교가 여전히 강력할 수 있었던 이유다. 기독교는 십자가를 중심으로 한다. 중심 없는 원이 아니라, 한 중심을 가진 구원의 원이다. 기독교는 단지 구원만이 아니라, 구원자를 갖고 있다. 단순한 속량의 교리가 아니라, 속량을 이루시는 인격을 가리킨다. 이 신앙이 나그넷길 걷는 사람에게도 기독교를 적합하게 한다. 기독교를 햇빛이 되게 하고, 그 밖의 모든 것을 달빛처럼 만든다. 달빛도 아름답지만, 차갑고 서늘하다. 그러나 기독교의 빛과 생명은 하나다. 이 빛은 곧 사람들의 생명이다. 이 얼마나 본질적인 차이인가! 규칙과 조항에 자신을 억지로 종속시키는 것과 따뜻하게 살아 숨 쉬는 가슴에 자신을 내던지는 것, 추상적인 체계를 받아들이는 것과 살아계신 한 인격을 믿음으로 붙드는 것 사이에."*

그는 고난을 겪는 자가 될 것이다. 그분은 상하게 될 것이다. 그러나 생명을 잃을 정도의 치명적인 부상은 아니다. 몸의 낮은 부위, 곧 발꿈치에 입는 상처다. 그럼에도 불구하고, 실제적인 상처이며, 그분은 반드시 고통을 겪으실 것이다. 서로 원수 됨이 있을 것이다. 아니, 충돌과 대결이 있을 것이다. 그 싸움 속에서 그분은 상처를 입으실 것이다.

그분이 상처를 입으신다는 것은 매우 중요한 지점이다. 아담의 시선은 자연스럽게 여기에 머물렀을 것이다. 약속된 그 씨에 대한 말씀은 아담에게 놀랍고도 신비로운 계시로 비쳤을 것이다. 사탄의 정복자가 되실 분이 어째서 상처를 입는단 말인가? 이 상처는 반드시 필요한 것인가? 바로 이 상처를 통해 승리가 오는가? 본문의 말씀은 명백히 이 고난이 우리의 유익을 위한 것이라고 선포한다. 그리고 곧이어 제정된 희생 제사는 이 고난이 우리 대신 드려지는 것이라고 말하고 있다.

그렇다면 지금 우리가 기뻐하는 이 진리가 바로 그것이 아니겠는가? 고난당하신 구속자, 곧 우리의 고난을 막기 위해 고난을 받으신 분. 아니, 우리를 대신해 몸소 고난을 받으신 바로 그분! 다시 말해, 단지 고난받은 은인(恩人)이 나타난 것이 아니라, 고난받은 대속자(代贖者)가 계시다. 우리에게 결핍된 모든 것을 가지신 그분이 우리를 대신하신다. 이로써 우리는 그분께 속한 모든 것을 받고, 그분은 우리에게 속한 모든 것을 감당하신다.

1512년, 파리대학교의 어둠 속에서 르페브르(Lefevre)가 바로 이 진리를 선포했다. "오, 말로 다할 수 없는 놀라운 교환이여! 죄 없으신 이가 정죄를 받고, 죄 있는 자가 자유를 얻는다. 복되신 이가 저주를 지고, 저주받은 자가 복을 입는다. 생명이 죽고, 죽은 자가 산다. 영광은 수치를 입고, 수치는 영광을 입는다."

그 약속에서도 이러한 진실이 어렴풋이 드러났지만, 그 약속과 희생 제물이 나란히 놓였을 때, 얼마나 찬란한 빛이 솟아올랐던가! 제단 위에 놓인 그 어린양은 상함을 입은 대속자를 가리키며, 그분의 고난과 사역을 예표했다. 아담이 그 어린양을 바라보았을 때, 그는 곧 그 상처 입은 분을 바라보고 있었다. 그리고 그 어린양을 바라보면서, 그의 양심은 평안을 얻었고, 그의 영혼은 위로를 입었다. 바로 그 상한 발꿈치에서 보게 된 것이 그의 두려운 마음을 움직였고, 다시 하나님 곁으로 그를 끌어당겼다.

그 제단 위에서 아담이 본 문장은 이것이었다. "이 사람이 우리의 평화가 되리라." 이 고난받는 이는 은혜를 계시하실 뿐 아니라, 은혜를 몸소 지니신 분이셨다. 아니, 은혜를 사람에게로 흘려보내는 통로가 되셔서, "모든 사람에게 구원을 주시는 하나님의 은혜"(딛 2:11)가 이 땅에 임하도록 하는 분이셨다.

그는 정복자가 될 것이다. 그분은 우리의 형벌을 담당하실 뿐 아니라, 우리의 싸움을 대신 싸우실 분이었다. 맞서야 할 적은 단지 하나가 아니라, 무리 지어 밀려오는 적진 전체였다. 이러한 원수를 향해 그분은 홀로 서셔야 했다. 작은 방패와 큰 방패를 손에 드시고(참조. 시 35:2), 우리를 돕기 위해 홀로 일어서신 분이었다. 전투는 잠시 결과가 불확실한 듯 보였다. 그러나 오래가지 않았다. 승리는 그분의 것이었고, 그러므로 곧 우리의 것이기도 했다. 이는 결코 부분적인 승리가 아니다. 완전하고 최종적인 승리였다. 원수의 머리가 상할 것이다.

그렇다면 왜 한순간이라도 사탄이 유리한 위치를 점한 것처럼 보였을까? 왜 이 위대한 정복자에게서 상처나 연약함이 나타난 것처럼 보였을까? 그 이유는 '의'가 그분을 맞서 일어섰기 때문이다. 그분이 '불의한 자'의 편을 들기로 하셨으므로, 그들 대신 그분이 형벌을 받아야 한다고 '의'가 요구한 것이다.

그분이 감당하고자 하신 것은 '불의함'이라는 죄악 자체가 아니라, 불의한 자의 '사건'이었다. 그분은 죄 그 자체와 아무 상관이 없으셨지만, 죄에 빠진 자를 구원하는 것이 바로 그분의 사명이었다. 그래서 '의'는 그분을 대적하여 싸웠고, 모든 요구가 충족될 때까지 이기고 있었다. 그제야 싸움은 멈췄다. '의'의 요구가 충족되자 사탄은 더는 '의'를 자기편으로 사용할 수 없었다. '율법' 또한 그분을 대적하여 싸웠는데, 그 모든 요구가 철저히 충족될 때까지 그분을 이겼다. 그리고 마침내 율법도 잠잠해졌다.

사탄은 결국 두 동맹자, '의'와 '율법'을 모두 잃었다. '의'와 '율법'이 사탄의 손에서 제거되고, 더 이상 그리스도를 공격하는 도구로 쓰일 수 없게 되자, 즉시 그리스노의 승리가 시작되고, 사탄의 패배가 확정되었다.

사탄이 승리할 유일한 가능성은, '의'가 자기편에 있다는 점에 있었다. 사탄은 그 무기를 끝까지 휘둘렀지만, 정작 그러는 동안 그 무기는 점점 사탄의 손에서 빠져나갔다. 나아가 사탄은 그 무기를 자기 심장 깊숙한 곳에 찔러넣는 결과를 초래하고 말았다. 무기를 휘두를 때마다, 사탄을 강하게 만들던 유일한 근거였던 '의'는 점점 충족되어 갔다. 마침내 마지막 일격이 가해지고, 희생자가 죽음 가운데 쓰러졌을 때(겉으로 보기엔 마치 사탄이 이긴 것처럼 보였지만) 그 순간 '율법'의 모든 요구는 완전히 충족되었다.

모든 요구를 만족한 '의'는 편을 바꾸었다. 사탄의 동맹자는 사라졌다. 그는 이제 아무런 무기도 없이 전능한 전사, 구원자 앞에 무력하게 남겨졌다. 이제 그분을 제지할 자는 아무도 없었다.

그리하여 승리가 확정되었다. 사탄의 짧은 성공은 오히려 그의 패배와 수치의 시작이었다. 이제 '의'는 여자의 후손 편에 섰다. 그분이 우리의 대표이시므로, 우리 편에도 '의'가 서게 된 것이다. '율법'도 이제 그분의 편에 서게 되었다. 그분이 우리의 대리자이시므로, '율법' 또한 우리 편이 되었다. 이처럼 그분은 그날의 전투에서 이기셨고, 우리를 위해 그 승리를 쟁취하셨다.

본래 우리를 대적하던 바로 그 힘들, 곧 율법과 의가 이제는 도리어 우리를 위해 싸우는 아군으로 바뀌었다. 그분은 죄인이 구원받고, 사탄이 자기 먹이를 빼앗기는 일이 '법에 따라' 이루어지도록 만드셨다. 그분은 죄인을 다시 받아들이고 사랑의 품에 안는 일이 하나님 아버지 보시기에 단순한 은혜로 그치지 않고, 참으로 의로운 일이 되게 하셨다.

그러나 아직 완전한 승리가 확보된 것은 아니다. 원수는 전장에서 완전히 물러나지 않았으며, 그의 손에서 모든 포로를 되찾은 것도 아니다. 이 과정은 지금도 계속되고 있다. 그러나 누구든지 이 정복자를 자신의 대장으로 받아들이며, 그분의 편에 서기를 원하는 죄인은 모두 구출된 전리품에 속하게 된다.

그러나 이 전쟁은 멈추지 않을 것이다. 이 정복자가 다시 나타나실 그날까지 계속될 것이다. 그분은 다시 오셔서 원수를 결박하시고, 사탄이 저지른 모든 악을 소멸하실 것이다. 또 그분은 남은 전리품을 탈환하시고, 신음하는 피조 세계를 자유롭게 하시며, 더 이상 지옥의 숨결로 오염되지 않는 공기 속에서 에덴이 다시 피어나도록 명령하실 것이다.

이와 같이 '우리를 위하여 구원의 뿔을 일으키셨으니'(참조. 눅 1:69), 하나님의 목적은 실현되었다. 우리를 "우리 원수에게서와 우리를 미워하는 모든 자의 손에서 구원하시는"(눅 1:71) 그 뜻이 이루어졌다. 그 사람, 고난받는 자, 정복자가 나타나셨다. 여자의 후손, 둘째 아담, 하늘로부터 오신 주께서 말이다.

이제 우리는 하나님이 세상을 이처럼 사랑하사 독생자를 주셨다는 것을 참으로 알게 되었다. 여자의 후손이며 하나님의 아들이신 그리스도 예수께서 "이제 자기를 단번에 제물로 드려 죄를 없이 하시려고 세상 끝에"(히 9:26) 나타나셨다. 또 "많은 사람의 죄를 담당하시려고 단번에 드리신 바 되셨고 구원에 이르게 하기 위하여 죄와 상관 없이 자기를 바라는 자들에게 두 번째"(히 9:28) 나타나실 것이다.

우리 앞에 자신을 내보이시는 분이 바로 이 사람이다. 고난받는 자요, 정복자이신 그분이다. 그분은 "은혜와 진리가 충만"(요 1:14)한 분으로 오셨다. 그분은 자신의 사역을 완수하셨고, 이제 우리에게 다가와 그 열매를 함께 나누자고 요청하신다.

그분은 이미 승리하셨다. 이제 우리에게 그 승리의 기쁨에 동참하라고 부르신다. 그분은 각 사람에게 우정을 담은 손을 내미시며, 자신이 다시 연 그 낙원으로 우리를 인도하겠노라 약속하신다. 이제 그 낙원의 문은 활짝 열린 채 우리 앞에 있다.

하나님이 우리에게 가리키시는 분이 바로 이 사람이시다. 곧, 고난받는 자, 정복자이시다. 하나님은 그분께 모든 은혜의 충만함이 거하게 하기를 기뻐하셨다.

은혜 이야기는 단지 말로만 전해진 것이 아니라, 한 인격 안에 담겨 나타났다. 곧 하나님의 아들, 여자의 후손이신 그분 안에 말이다. 그분 안에 "하나님의 여러 가지 은혜"(벧전 4:10)와 "그 은혜의 지극히 풍성함"(엡 2:7)이 대표되어 담겨 있다.

하나님이 우리에게 주신 것은 단순한 말씀이 아니다. 훨씬 더 크고 깊은 무언가다. 하나님이 우리 앞에 두신 것은 단순한 추상적 진리가 아니다. 하나님이 한 사람, 살아 있는 한 인격, 우리와 같은 인간을 우리 앞에 세우셨다. 곧 모든 진리가 담긴 그릇으로서 세우셨다. 하나님은 자신의 은혜를 사람의 사랑스러운 형상 안에 입히셨다. 또 그 은혜를 사랑이 깃든 얼굴에서 빛나게 하셨으며, 사랑이 담긴 음성을 통해 말씀하게 하셨다.

그리고 세상이 시작된 이후, 그 누구도 흉내 낼 수 없는 행위를 통해 그 은혜가 스스로 자기 이야기를 하게 하셨다. 이처럼 그 모든 은혜를 가지신 분, 참 하나님이시자 참 사람인 그분이 베푸시는 복을 누리라고 당신을 초청하신다. 온종일 손을 내밀며, 이렇게 말씀하신다. "내게 오는 자는 내가 결코 내쫓지 아니하리라"(요 6:37).

당신은 이토록 간절히 호소하시는 그분을 마땅히 주목해야 하지 않겠는가? 그분이 손짓하며 당신을 부르실 때, 그 손길에 순복하며 자신을 인도하시도록 내드려야 하지 않겠는가? 영원한 운명이 걸린 이 절박한 호소 앞에서, 최소한 그분이 이 정도의 응답은 기대하실 수 있지 않겠는가?

특히 이 모두가 '값없이 주어지는 선물'이라는 점에서 더욱 그렇다. 당신에게 아무런 공로나, 돈이나, 자격이 요구되지 않는다. 그분은 필요한 모든 것을 이미 다 값 주고 사셨다. 그분 자신의 공로로 사셨다. 그러므로 당신은 다시 자신의 공로로 사야 할 이유가 전혀 없다. 그렇다면 그분께서 당신이 그 선물을 받아들이기를 기대하심이 정당하지 않겠는가? 아니, 기꺼이, 기쁨으로, 감사함으로 받아들이기를 기대하심이 당연하지 않겠는가?

그런데 만일 당신이 그것을 거절한다면, 그분이 어찌 놀라시지 않겠는가? 영생을 거절하다니! 왕국을 거절하고, 그 대신 죽음과 수치와 슬픔을 받아들이다니! 영원한 빛보다 어찌 영원한 어둠을 택할 수 있는가? 열린 낙원을 외면하고, 어찌 끝없는 황무지의 황폐함을 선택할 수 있단 말인가? 이 모두가 정말로 믿기 어려울 만큼 불가사의한 일이 아니겠는가?

그 사이에도 시간은 흐르고 있다. 아침이 다시 오지 않을 그 밤의 그림자가 당신 위에 드리워지고 있다. "바다에 근심이 있어 평안하지 못하도다"(참조. 렘 49:23). 이 세상은 점점 쇠퇴하고 있다. 그 범죄의 부르짖음은 아벨의 피가 외치던 소리처럼 신속한 심판을 요구하며, 하늘로 올라가고 있다. 그 외침은 곧 들릴 것이다. 지금까지 심판이 지연된 유일한 이유는 하나님이 오래 참으셨기 때문이다. "아무도 멸망하지 아니하고 다 회개하기에 이르기를 원하시느니라"(벧후 3:9)라는 그분의 뜻 때문이다.

그렇다면, 아직 구원받지 못하고 피난처 없는 당신은 어떻게 해야겠는가? 그날의 즐거움이 과연 당신의 즐거움일 수 있겠는가? 아니면, 그것이 쓸개즙과 쑥이 되겠는가? 그때에도 세상의 화려한 빛이 당신의 눈을 현혹할 수 있겠는가? 그 아름다움의 마법은 어디에 있겠는가? 그 매혹적인 노래의 선율은 어디로 사라질 것인가?

그 모두는 한순간에 잿더미가 되고 말 것이다. 꽃들은 먼지처럼 흩어지고 기쁨은 잊힌 꿈이 된다. 젊음의 싱그러움은 사라졌고, 혈육의 유대는 끊어졌으며, 우정의 기쁨도 끝이 났다. 이웃의 인사도 멈췄고, 집들도 조용하다. 이 땅의 익숙한 노래도 모두 사라졌다. 이 모두가 '여호와의 맹렬한 진노의 날에 구름으로 덮일 것이다.'

그리고 당신, 아직 구원받지 못한 자여, 당신을 위해 남은 것은 별 하나 기쁨을 비추지 않고, 희망 하나 떠오르지 않는 영원한 어둠뿐이다. 심판은 더디 오는 듯 보였다. 당신은 심판이 결코 오지 않기를 기대했다. 그러나 마침내 그날이 도래했다. 그 심판의 도래는 당신에게 남이 있던 나지막 희망마저도 꺼뜨리는 마지막 선언이다!

* 트렌치가 1846년 케임브리지대학에서 한 훌시언 강연. 이 학파에 속한 다른 이도 다음과 같은 말을 남겼다. "우리는 성경으로부터 배워야 한다. 곧, 우주 전체의 중심은 하나의 살아 있는 인격, 곧 하나님이자 사람이신 그분이라는 사실을 깨달아야 한다. 중심은 어떤 교리나 교황이 아니다"(Maurice, *Review of Newman's Theory of Development*, p. 69).

10

추방당한 사람:
믿음으로 사는 삶

"그 사람을 쫓아내시고"(창 3:24). 아마도 인간은 그토록 아름다운 거처를 떠나기 싫어서 망설였을 것이다. 그러나 그는 더 이상 그곳에 머물 수 없었다. 하나님의 뜻은 에덴동산이 더는 사람의 거처가 되지 않는 것이었다. 하나님은 그를 내쫓으셨다.

그는 에덴에서 쫓겨났다. 하나님이 자신의 영광을 두셨던 그곳에서 말이다. 죄가 그와 하나님 사이에 개입했다. 이제 가깝지 않고, 거리가 생겼다. 하지만 그가 가지고 떠난 약속은 그가 완전히 버림받지 않았다고 보증했다. 언젠가 회복이 있으리라는 보장을 담고 있었다. 그러나 그 약속이 성취되기까지, 그는 하나님과 거리를 두어야 했다.

죄인이 하나님께 가까이 나아가려면 극복해야 할 장애물이 있었다. 그의 추방은 그 장애물이 아직 제거되지 않았음을 보여 주는 표시였다. 하나님의 임재, 곧 '지성소'로 나아가는 길은 아직 열리지 않았다. 이렇게 그에게 무서운 진실이 선포되었다. "오직 너희 죄악이 너희와 너희 하나님 사이를 갈라 놓았고"(사 59:2). 바로 죄가 하나님과의 교제를 끊어 놓았으며, 사람을 에덴에서 내쫓은 것이다.

이 모두는 사람이 자처한 일이다. 하나님의 행위가 아니라, 사람 자신의 선택이다. 인간은 스스로를 방황하는 자로 만들었고, 이 땅을 황무지로 바꾸어버렸다.

그러나 이 추방 안에도 은혜가 있었다. 추방은 단순히 범죄자에 대한 형벌의 집행이 아니라, 아담과 그의 후손에게 가해진 징계였다. 아담을 향한 자비로운 긍휼 가운데 이루어진 조치였다. 하나님은 그가 손을 내밀어 생명나무의 열매를 따 먹을까 염려하셨다.

다른 나무의 열매는 육체의 생명을 위한 양식으로 주어졌다. 그러나 생명나무의 열매는 불멸의 생명을 유지하는 데 필요한 자양분을 공급하도록 창조되었다. 여기서 내가 불멸의 생명도 영양분이 필요하다고 말한 것은 인간이 본래부터 지금처럼 유한하게 창조되었다는 뜻이 아니다. 마치 인간이 육체를 지탱하는 데 음식이 필요하다고 해서, 그가 처음부터 병약하게 창조된 것은 아니듯이 말이다. 생명나무의 열매는 사람을 불멸하는 존재로 만드는 것이 아니라, 이미 주어진 불멸성을 계속 유지하도록 하는 것이었다. 하지만 이제 하나님의 뜻은 불멸성이 보존되지 않는 데 있었다. 곧, 인간이 죽어 흙으로 돌아가게 하는 것이었다.

이는 단지 인간의 비참한 생명을 짧게 만들어 주시려는 하나님의 자비 때문만이 아니다. 오히려 하나님은 더 나은 생명을 예비해 두셨다. 그 생명은 죽음을 통과해야만 도달할 수 있었는데, 곧 '부활 안에서의 생명'이었다.

하나님의 뜻은 인간을 '죽음을 통해' 부활의 생명으로 이끄시는 데 있었다. 그 생명은 훨씬 더 우월한 차원의 새로운 생명이었고, 더 고귀한 성질을 지닌 존재의 상태였다. 이제 하나님은 인간의 시선을 '현재 몸의 불멸성'이 아니라, '부활'에 고정시키려 하셨다. 부활이야말로 인간의 참된 소망이기 때문이다.

하나님은 모든 복(육체적이든 영적이든)을 이 부활의 소망과 연결하고자 하셨다. 그 자비 가운데, 하나님은 인간을 생명나무로부터 물러나게 하셨고, 죽음을 향해 나아가도록 내보내셨다. 피조세계의 모든 것이 철저히 해체되어야 했다. 뿌리와 기초에 이르기까지. 그리하여 훨씬 더 고귀한 재료로 훨씬 더 영광스러운 모형을 따라, 새롭게 지어지도록 말이다.

인간은 죽음 없이 생명을 누리고자 했을 것이다. 그러나 하나님은 그분의 지혜로운 긍휼 가운데 그렇게 되기를 허락하시지 않았다. 하나님이 바라신 것은 더 나은 생명, 곧 죽음을 통과한 생명이었다. 썩을 것으로부터 썩지 아니할 것이 나오는 생명, 곧 무덤에서 솟아오르는 불멸의 생명이었다.

이처럼 인간의 눈은 '죽음을 넘어선 생명'(곧 죽음에서 솟아나는 생명, 부활의 생명)을 향했다. 만일 그가 생명나무에서 차단되지 않았다면, 또한 죽음을 향해 나아가도록 쫓겨나지 않았다면, 그는 '죽음 없는 생명'에 만족하고 말았을 것이다. 그러나 하나님은 그를 위해 더 좋은 것을 예비하셨다.

그가 생명나무의 손길이 미치지 않는 바깥으로 내쫓겼을 때, 그의 눈은 이제 더 나은 그것을 향하게 되었다. 부활이 이제 그의 소망이 되었다. 죽음이 그의 앞에 있었지만, 부활 역시 그 죽음 너머에 놓여 있었다.

"너는 흙이니 흙으로 돌아갈 것이니라"(창 3:19). 이 말씀은 그에게 선포된 형벌이었다. 그러나 에덴에서의 추방은, 비록 희미할지라도 그에게 이 부활의 약속을 미리 바라보게 했다. 이사야 선지자를 통해 하신 말씀처럼 말이다. "티끌에 누운 자들아 너희는 깨어 노래하라"(사 26:19).

이와 더불어, 그는 이제 믿음의 삶으로 부르심을 받았다. 하나님의 뜻은 그에게 이 진리를 가르치는 데 있었다. 곧 "보지 못하고도 믿는 자들은 복되도다"(요 20:29)라는 말씀의 복이다.

지금까지 모든 것은 '보는 것'에 기초해 있었다. 하지만 이제부터 모든 것을 '믿음'으로 행해야 했다. 보는 것을 통해 그는 하나님에 대해 많은 것을 알았다. 그러나 믿음을 통해 그는 훨씬 더 많이 알게 될 것이다. 그는 타락 이전의 강건한 상태에서 하나님과 동행하는 달콤함을 알았다. 그러나 이제 그는 슬픔과 무력함 속에서 하나님께 의지하는 더 깊은 복됨을 배울 것이다.

그가 지나가야 할 깊은 물은 하나님 안에 있는 더 크고 깊은 자원이 동원되기를 요구할 것이다. 인간은 그 자원을 온전히 맛보게 될 것이다. 그의 안에 새롭게 생겨나는 필요가 하나님으로부터 새로운 공급을 불러내는 통로가 될 것이다. 이제 은혜는 수천 갈래 길을 따라 흘러가게 될 것이다.

그는 이제부터 하나님과의 모든 교제가 오직 은혜라는 새로운 기반 위에서 이루어진다는 진리를 배워야 했다. 그의 추방은 이 진리를 끊임없이 상기시키는 표지였다. 왜 그는 이제 에덴 밖에 있는가? 그가 죄인이기 때문이다. 그러나 왜 진노에 넘겨지지 않고, 여전히 보존되고 있는가? 죄인을 위한 은혜가 있기 때문이다. 이제 그가 맛보는 모든 것은 은혜다. 하나님의 선물은 거두어진 게 아니라, 은혜로 주어졌다. 그는 완전히 새로운 터 위에 있었다. 그가 내딛는 모든 걸음은 그 사실을 일깨웠다. 잃어버린 에덴, 그러나 구원받은 죄인. 이 두 현실이 함께 어우러져, 그는 날마다 은혜를 선포하는 설교자가 되었다.

하나님은 여전히 그의 하나님이셨다. 비록 에덴에서 함께하는 것은 아니었지만 말이다. 그래서 그는 자신이 추방된 자임을 인식하면서도, 용서 안에서 기뻐할 수 있었다. 죄인이라는 의식이 그의 평안을 해치거나, 하나님과 그 사이를 가로막는 걸림돌이 되어서는 안 되었다. 은혜가 그 틈을 메웠다. 오직 은혜로만 가능함을 끊임없이 상기시키는 방식으로 말이다.

하나님은 에덴에서 그와 함께하셨고, 에덴에서 쫓겨난 지금도 여전히 함께하셨다. 하나님은 더 이상 예전처럼 그 장소에서 그를 만나실 수 없었지만, 그 복된 자리 바깥에서도 여전히 그를 만나길 기뻐하셨다.

그렇다. 비록 에덴 밖에 있었지만, 하나님은 여전히 그의 하나님이셨다. 죄를 범한 이후, 그리고 약속이 주어지기 전, 한순간의 단절이 있었다. 그 순간은 아담에게 있어, 마치 깊은 심연을 들여다보는 것 같이 이루 말할 수 없는 고통의 시간이었다. 그러나 이제 그 시간은 지나갔고, 하나님은 다시 그의 하나님이 되셨다.

그는 추방된 자였고, 땅은 그에게 황무지가 될 터였으나, 하나님이 그와 함께하실 것이었다. 따라서 그는 낙원을 잃은 슬픔을 견딜 수 있었다.

이 감정을 과연 누가 그보다 더 깊고 참되게 표현할 수 있을까? 나는 잉글랜드의 한 위대한 시인이 남긴 다음 구절에서 그 진실한 고백을 본다. 이 시는 인간의 사랑을 노래했지만, 우리는 더 고귀한 뜻으로 되새길 수 있다.

> 그 땅이 좋아서가 아니오.
> 당신이 없다면, 그곳은 황무지일 뿐이오.
> 오직 당신의 하늘 같은 동행만 내 곁에 있다면,
> 광야도 사람들로 가득 찬 도시와 다름없소.
> 당신이 있는 그곳이 곧 나의 세계이며,
> 세상의 온갖 기쁨이 깃든 자리요.
> 하지만 당신이 있지 않은 곳
> 그곳은 곧 폐허, 절망의 침묵일 뿐이오.

이렇게 인간은 나그네이자 순례자로 세상에 내보내졌다. 그는 가인처럼 떠도는 도망자가 아니었다. 그러나 여전히 그는 이 세상에서 '낯선 자'로 살아가야 했다. 그에게 주어진 하나님의 약속이 그의 시선을 지금 보이는 현실과 일시적인 세상에만 머물게 하지 않고, 보이지 않는 영원한 실재를 바라보게 했기 때문이다. 그는 더 나은 것, 영속하는 실재를 바라보았다. 앞날이 캄캄하고, 긴 인생이 눈물로 채워질지라도, 이 세상이 그의 마지막 집이 아니라는 사실은 그에게 위로가 되었다.

또한 그 사실은 그의 마음에 깊은 기쁨을 주었다. 그의 집과 유업은 이 무덤 저편에 있다. 그가 더 나은 생명으로 나아가는 길이 죽음을 통과하는 것이듯, 그가 영원히 거할 땅에 이르기까지 그는 낯선 세상을 지나야 했다. 에덴을 등진 자의 길, 그러나 은혜로 향하는 길이었다.

그 땅은 '두 번째 낙원'일 수도 있고, 처음의 낙원이 회복된 것일 수도 있다. 어쩌면 전혀 다른 무언가일 수도 있다. 그러나 그것은 중요하지 않았다. 만일 그곳이 그를 용서하신 하나님이 정해 주신 집이라면, 그것만으로 충분한 본향이 되었다. 이미 그에게 놀라운 은혜를 드러내신 은총의 하나님이 그를 위해 준비하신 처소라면, 그야말로 은혜에 합당하지 않겠는가? 그 은혜의 하나님이 '그의 하나님이라 불리기를 부끄러워하시지 않는' 분이라면 말이다! 이 사실은 에덴을 망가뜨리고 세상을 무너뜨리고, 또 자기 자신을 파멸시킨 자에게 주어지는 깊고도 복된 위로가 아니겠는가!

그렇다면 우리는 누구인가? 우리야말로 추방된 자 아닌가? 우리는 에덴 밖에서 태어났고, 광야의 거친 공기를 들이쉬며 살아간다. 이것이 곧 우리의 운명이요, 날 때부터 주어진 권리이다. 첫 번째 추방자의 자녀로서의 삶 말이다. 어쩌면 우리는 이 광야에 너무 익숙해져, 그 메마른 바위투성이의 불모지를 무감각하게, 어쩌면 만족스럽게 바라보았는지도 모른다. 그러나 그 익숙함이 이 두려운 진실을 바꾸지 못한다. 우리는 본래부터 추방된 자다. 단지 에덴에서뿐만 아니라, 우리를 지으신 하나님에게서도 떠나 있는 자다.

그러나 하나님은 우리를 이 유배의 먼 땅에 버려두시지 않는다. 그분은 추방된 자가 그분에게서 영영 끊어지지 않게 할 방도를 마련하셨다(삼하 14:14). 그분은 우리를 불쌍히 여기실 뿐 아니라, 우리를 향해 간절히 마음 아파하신다. 그분과 멀어졌지만 우리는 그분에게서 잊혀지지도 않았고 그분의 돌보심도 끊어지지 않았다. 오히려 우리의 유배 상태는 그분의 긍휼을 더욱 자아내는 이유가 되었다.

아버지는 그 기근의 땅에서 방황하는 아들을 바라보고 계신다. 그분의 눈은 그들을 따라가신다. 그들이 하나님을 잊었을지라도, 하나님은 그들을 잊지 않으신다. 그분은 그들을 찾기 위해 은혜를 보내신다. 그분의 품에 계시던 아들이 그들을 찾기 위해 내려오신다. 그 아들은 이 유배된 땅에 들어가기를 주저하시지 않는다. 그들을 위해 그는 추방당한 자가 되신다. 그 아들은 유배자의 삶을 사시고, 유배자의 수치를 견디시며, 유배자로 죽임 당하시고, 유배자의 무덤에 묻히신다.

모두 우리를 위해서다. 곧 버림받은 자, 유배된 자를 위해서다. 그분은 우리를 대신해 유배의 자리에 서셔서, 우리가 아버지의 집에 있는 그분의 자리에 서게 하셨다. 그분은 우리의 수치의 자리까지 낮아지셔서, 우리가 그분의 영광과 존귀의 자리에 오르게 하셨다. 우리를 유배 상태에 머물게 했던 모든 것을 그분이 몸소 짊어지셨다. 하나님이 우리를 내치실 수밖에 없게 했던 모든 것을 그분이 친히 떠맡으셨다.

이로써 하나님이 유배 선고를 거두시고, 우리를 다시 은혜와 임재의 자리로 받아들이시는 일이 공의에 합당해졌다. 우리를 자녀의 자리, 잃어버린 자를 찾으러 오신 그분의 자리로 다시 데려다 놓는 일이 마땅해졌다. 이는 "죄를 알지도 못하신 이를 우리를 대신하여 죄로 삼으신 것"이요, "그 안에서 우리가 하나님의 의가 되게 하려" 하신 은혜였다(고후 5:21).

독자여, 그대는 이 교환에 동의했는가? 그대는 이 대속(代贖)을 받아들였는가? 그분은 이 교환을 강권하신다. 그대가 자신의 대리자로 그분을 받아들이도록 간청하신다. 그렇다면, 왜 거절하거나 머뭇거리는가? 그분이 그대에게 내미시는 것은 생명이요, 귀향이며, 하나님의 아버지 되심의 회복이다. 그대는 혹시 너무 부유한가? 세상의 것에 너무 만족하는가? 세상을 너무 사랑하여, 이 복을 귀히 여기지 못하는가? 그렇다면, 곧 다가올 영원한 추방을 생각하라. 그대는 그것을 견딜 수 있겠는가?

에덴 밖에서, 하나님 없이 보내는 몇 해는 아무것도 아닌 듯 여겨질지 모른다. 하지만 어떻게 끝없는 유배를 견뎌 낼 수 있겠는가? 노래와 춤, 농담과 술잔이 그대를 안일하게 만들었을 수 있고, 그대의 영혼을 속여 모든 것을 잊게 만들었을 수 있다. 그러나 곧 그 매혹은 그대를 더 이상 속이지 못할 것이다. 화려한 환상은 사라지고, 영원한 황무지가 그대를 에워쌀 것이다. 그제야 그대는 알게 될 것이다. 그 추방의 자리에서는 '슬피 울며 이를 가는' 수밖에 없음을.

그런데 우리는 단지 추방당한 자리에 있는 것만이 아니라, 죽음의 영역 한가운데 있다. 우리는 생명나무에서 멀리 떨어져 있고, 무덤은 우리 앞에 있다. 뼈들과 먼지, 어둠이 그곳을 채운다. 그렇다면 승리 안에서 죽음이 삼켜지는 그날, 부활과 더 나은 생명에 대한 소망이 우리 안에 있겠는가? 우리는 과연 이 복된 소망을 굳게 붙들고 있는가? 죽었다가 다시 살아나신 그분을 믿음으로, 우리는 그것을 확증했는가? 그분은 이렇게 말씀하셨다. "나는 부활이요 생명이니, 나를 믿는 자는 죽어도 살겠고 무릇 살아서 나를 믿는 자는 영원히 죽지 아니하리니"(요 11:25-26).

이것이 우리의 하나뿐인 소망이다. 당신은 이를 확신 가운데 소유하고 있는가? 소망은 멀리 있는 불확실한 무엇이 아니다. 가까이에 있으며, 실재적이고, 복되고 확실한 약속이다. 그러나 이 소망은 값없이 주어지며, 인간의 노력이나 수고, 고행이나 기도로 얻을 수 없다. 오직 죽었다가 다시 살아나신 그분을 믿는 믿음으로 말미암아 주어지는 은혜다.

'부활이요 생명'으로서 그분은 아버지께로부터 계시되셨고, 또한 스스로를 그렇게 선포하셨다. 그렇다면 그분은 누구에게 그렇게 말씀하셨는가? 바로 죄 가운데 죽은 자들에게! 그분이 자주 사용하신 그 단어, '누구든지' 하나면 충분하다. 이 단어는 둘째 사망 이전 이 땅의 모든 지친 죄인에게 이렇게 선포한다. "살아 있는 이분을 통해 생명이 너에게 값없이 주어진다." 그러므로 아무도 이렇게 말할 수 없다. "나는 영원히 죽어야 한다. 왜냐하면 생명의 근원이 나에게 충분히 주어지지 않았기 때문이다."

독자여, 그대가 이 부활하신 이를 그대의 안식처로 알고, 이 부활의 약속을 그대의 소망과 기쁨으로 삼고 있다면, 이 땅에서 낯선 나그네이자 순례자처럼 살아가라. 그대의 갈망은 무덤을 넘어서야 한다. 이 땅은 결코 그대에게 에덴 밖 이상의 것이 되어서는 안 된다. 그대는 날마다, 지금 있는 것과 장차 올 것 사이의 차이를 마음에 새겨야 한다. 또 그대의 삶 전체는 그대의 더 나은 생명이 감추어진 그분, 곧 장차 영광 중에 나타나실 그분을 바라는 자의 삶이 되어야 한다.*

* 이 글을 쓴 후에, 이 장의 맨 앞에서 언급한 생명나무에 대한 견해를 뒷받침하는 내용을 우연히 찰머스 박사의 『성경 묵상집』에서 한 구절 발견했다. 그는 이렇게 적고 있다. "제시된 계시가 어떠한 신빙성 위에 근거했는지에 내가 만족할 수 있다면, 특정한 음식(창세기의 생명나무 열매를 뜻함, 성만찬의 빵과 포도주와도 연결됨-역주)이 인간의 영혼에 미치는 영향에 관해 여기 주어진 정보는(기독교 철학이든 일반 철학이든) 내가 이해하는 모든 성스러운 것들과 잘 부합된다"(『찰머스 박사 유고집』 제1권, p. 6).

11

남겨진 에덴:
은혜의 교훈

그러나 에덴은 즉시 사라지지 않았다. 하나님은 아담을 내쫓으신 후, 곧바로 에덴을 저주하거나, 땅 위에서 쓸어버리시지 않았다. 인간이라면 그렇게 했을지 모른다. 인간은 자기 눈에 거슬리는 것을 그렇게 다룬다. 그러나 하나님의 방식은 그렇지 않다. 인내와 오래 참으심이 그분의 일이다. 그분은 기꺼이 남겨 두신다. 그분은 자기 손으로 지은 것을 쉽사리 버리시지 않는다. 비록 그것이 타락했을지라도, 기꺼이 멸하려 하시지 않는다.

에덴은 여전히 남아 있었다. 비록 인간은 그곳을 떠났으나, 성전이 예배자가 떠났다고 해서 즉시 무너지지 않듯이, 에덴도 여전히 그 자리에 있었다. 아마도 그때부터 에덴은 저주의 영향, 곧 타락의 어두운 기운을 함께 받기 시작했을 것이다. 그러나 에덴은 여전히 초기 인류와 같은 장수를 누렸다. 에덴은 수 세기에 걸쳐 서서히 시들어 갔다. 그러나 결국 시들었고, 영원히 존속하도록 허락되지 않았다. 그리하여 마침내 쇠하여 낡고 사라지려 할 때, 홍수가 왔다. 홍수는 에덴을 땅에서 쓸어버렸다.*

그렇다면 도대체 왜 에덴을 남겨 두신 것일까? 단순한 우연이었을 리는 없다. 아무 의미도 목적도 없이 남기시지는 않았을 것이다.

죄가 무엇을 저질렀는지 보여 주기 위해서다. 인간이 살던 복된 장소가 거기, 그곳에 있었다. 그의 출생지, 그의 첫 번째 집, 그가 하나님과 동행하던 장소가 거기 있었다. 그는 날마다 그곳을 바라보았을 것이다. 자신이 감히 들어갈 수 없게 된 그 거룩한 경계 주변을 배회하며, 그는 자신이 잃어버린 것이 무엇인지, 또 그것을 어떻게 잃어버렸는지 되새겼을 것이다.

죄가 모든 것을 망쳤다. 그는 혼자 속으로 이렇게 중얼거렸을지 모른다. "만일 죄가 없었더라면, 나는 지금도 저 안에 있었을 것이다. 여전히 행복했을 것이고, 저기 아직도 희미하게 남은 듯한 빛 가운데 살았을 것이다. 그러나 죄가 나를 집 없는 자로 만들었다. 죄가 내 유산을 빼앗아 갔다. 날마다 나는 얼마나 큰 것을 잃었는지 다시 떠올리게 된다. 또 날마다 그 모든 상실의 원인이 바로 내 죄였음을 생각하며 고개를 숙인다."

에덴 위에 드리운 구름 하나하나, 그 위에 나타난 부패의 흔적들, 떨어지는 나뭇잎 하나, 또 울타리를 넘어 평지로 흘러든 작은 낙엽까지도, 그 모두가 인간에게 이렇게 말했다. "이 모두는 죄가 한 일이다. 곧, 그대 자신에게 저지른 일, 그리고 에덴에 저지른 일이다." 이렇게 죄는 더욱 쓴맛을 냈고, 아담은 더욱 깊이 낮아졌다.

하나님이 물질 세계에 부여하신 가치를 보여 주기 위해서다. 하나님은 그 위에 저주를 내리셨지만, 그것을 기꺼이 멸하려 하시지 않았다. 그분 자신의 손으로 지으신 작품이었기 때문이다. 불과 얼마 전만 해도, 그분은 창조된 세계를 기쁨으로 바라보셨고, "보시기에 심히 좋았더라."라고 선언하셨다! 그렇다면 어떻게 그분이 그 모든 것을 '버리실 수' 있단 말인가? 어떻게 그것을 쓸어버리실 수 있단 말인가? 바로 이것이 하나님이 물질 세계에 대해 가지신 평가와 사랑을 보여 준다.

물질은 육적인 것이 아니며, 물질과의 접촉이 더럽거나 타락을 초래하는 것도 아니다. 오히려 진실은 이렇다. 만일 우리가 사물을 하나님이 비추시는 그 빛 아래에서 바라본다면, 우리는 곧 깨달을 것이다. 더럽혀진 것은 인간이 아니라, 인간과 접촉한 물질세계라는 것을.

에덴이 아담을 파괴한 것이 아니라, 아담이 에덴을 파괴했다. "피조물이 허무한 데 굴복하는 것은 자기 뜻이 아니요 오직 굴복하게 하시는 이로 말미암음이라"(롬 8:20). 더 나아가 하나님은 이런 취지로 말씀하신다. 피조물 전체가 탄식하고, 함께 해산의 고통을 겪으며, 썩어짐의 종노릇에서 해방되어 하나님의 자녀의 영광의 자유에 이르기를 간절히 기다리고 갈망한다고 말이다(참조. 롬 8:21-22).

하나님이 피조 세계에 부여하신 가치는 우리의 생각보다 훨씬 더 높다. 하나님은 여전히 그분의 손으로 지으신 모든 것을 기뻐하시며, 여전히 모두를 그분의 눈앞에 두신다. 머지않아, 그 모두를 정결케 하고, 회복시킬 계획을 갖고 계신다. 태초의 아름다움보다 더욱 찬란한 영광으로 그것들을 입히실 그날을 내다보신다. 곧 "하나님이 영원 전부터 거룩한 선지자들의 입을 통하여 말씀하신 바 만물을 회복하실 때"(행 3:21), 그 모든 일이 이루어질 것이다.

하나님이 땅을 버리시지 않았음을 보여 주기 위해서다. 그 땅은 그분 자신의 땅이었고, 그분의 처소였다. 바로 이 땅 위에 그분은 장막을 치셨고, 궁전을 세우셨다. 죄로 말미암아, 그분은 당분간 이곳에서 물러서셔야 했다. 그럼에도 불구하고 하나님은 그 땅을 완전히 없애지 않고 보존하신다. 비록 심하게 손상되었지만, 여전히 이 땅을 존재하게 하심으로써 그분이 땅을 버리시지 않았다는 사실을 암시하신다. 예전처럼 다시 돌아와 그곳에 거할 뜻이 여전히 있다고 넌지시 알려 주신다.

에덴을 보라. 그 안에 있는 아름다운 동산을 보라. 그분의 옛 거처였던 폐허, 성전의 흔적일 뿐이다. 그런데 왜 그 폐허가 그렇게 조심스럽게 울타리로 둘러싸여 보호되고 있었는가? 왜 반쯤 무너진 상태로 남겨져 있었는가? 왜 그렇게까지 정성스럽게 돌봄을 받고 있었는가? 왜 인간이 그것을 짓밟게 하거나, 폭풍이 그것을 휩쓸게 하거나, 지진이 그것을 삼키게 내버려두시지 않았는가?

하나님은 그 땅에 대해 여전히 품으신 목적이 있었다. 또 그 목적을 사람에게 가시적으로 증거하기 위해 그 유적을 남기셨다. 그 보호받는 '길과 동산' 사이에서, 이런 음성이 흘러나오는 것만 같았다. "나는 땅을 완전히 버리지 않았다. 내 이름을 두기로 선택했던 그 장소도 버리지 않았다. 내가 창조한 영들도 버리지 않았다."

이는 다름 아닌 은혜의 음성이 아니던가? 죄로 인해 황폐해진 피조 세계를 향해 애통해하면서도, 죄에 굴복하지도 않고, 죄가 아름다운 세계를 짓밟게 내버려두는 것 역시 결코 허용하지 않는 은혜의 음성이었다. 곧, 그 세계를 지으신 하나님 자신이 그분의 처소에서 쫓겨나는 일을 허용하지 않겠다는 은혜의 선언이었다.

인간이 언젠가 다시 돌아와 물질세계를 소유하게 되리라고 보여 주기 위해서다. 하나님은 단지 에덴을 보존하고 인간이 이를 눈앞에 두고도 접근하지 못하게 하여, 그를 조롱하시려는 것이 아니었다. 오히려 하나님은 그분의 은혜로운 뜻을 인간에게 가르치기 원하셨다. 그 뜻은 단지 원수로부터의 구원에 그치지 않고, 인간을 위해 예비하신 유업에 관한 것이기도 했다. 그러므로 하나님은 에덴을 눈에 보이는 곳에 남겨 두셨고, 이를 장차 주어질 유업의 예표(豫表)로 삼으셨다.

곧, 만물이 새롭게 되는 그날, 사람이 죽음을 지나 부활의 영광으로 나아갈 그때, 부활 생명 위에 죽음이 더는 권세를 갖지 못할 그날, 사람은 마침내 그 유업에 들어갈 것이다.

하나님은 인간에게 이렇게 말씀하신다. "보라, 저기 에덴이 있다. 비록 무너지고 시들었지만, 너는 언젠가 반드시 그리로 돌아갈 것이다. 저것이 내가 너에게 주는 보증이다! 더 나은 에덴이 올 것이다. 에덴은 지금 쇠잔하고 있지만, 마침내 회복될 것이다. 마치 네가 죽음을 지나 부활에 이르듯이, 에덴도 결국 새롭게 될 것이다. 그리하여 '새 하늘과 새 땅'이 펼쳐지고 그 안에 하나님의 의가 충만할 것이다. 이 새로운 창조 세계가 곧 너를 위해 예비된 유업이다."

쉴러(Schiller)의 다음과 같은 말에 사람들은 깊은 진리가 담겨 있다고 생각했다.

땅은 결코 하늘을 만날 수 없고,
'거기'는 결코 '여기'가 될 수 없다.

그러나 실상은 그렇지 않다. 그는 다만 세상의 지혜를 말했을 뿐이다. 하나님의 뜻을 모르는 사람의 말이다. 하늘과 땅은 반드시 만날 것이며, '거기'는 마침내 '여기'가 될 것이다.

이 안에 얼마나 많은 은혜의 교훈이 담겨 있는가! 하나님이 얼마나 많은 사물과 장면 위에 이 은혜의 교훈을 새겨 두셨던가! 하나님은 인간이 이곳저곳에서 그 교훈을 마주하게 하시고, 그분이 그에게 알리시는 화해의 충만함, 또 그분이 그를 위해 예비하신 지극히 크고 놀라운 영광과 복됨을 배우게 하셨다.

하나님이 자신을 "모든 은혜의 하나님"(벧전 5:10)이라 부르신 것은 실로 마땅한 일이었다. 또 그분이 스스로를 두고 맹세하여 이르기를 "주 여호와의 말씀이니라 …… 나는 악인이 죽는 것을 기뻐하지 아니하고"(겔 33:11)라고 말씀하신 것도 실로 타당한 선언이었다.

그렇다면 우리는 주변의 모든 사물에서 은혜를 읽고 있는가? 오늘 하루라도 형벌의 자리에서 벗어나 살아있다는 사실에 담긴 무한한 은혜를 보고 있는가? 떨어지는 낙엽 하나, 돋아나는 새싹 하나, 풀잎 하나, 이슬 하나에서조차 새로운 은혜의 교훈을 매일같이 받아들이고 있는가? 이 모두가 구속하시는 하나님께로부터 우리에게 오는 은혜의 메시지로 들리는가? 의심으로 들끓는 마음을 잠재우고, 낙심한 영혼을 다시 일으켜 세우는 데 이 모두를 사용하고 있는가?

일시적인 것을 주시는 분이 영원한 것을 주기를 훨씬 더 기꺼워하시지 않겠는가? 우리의 육체를 먹이시는 그분이 어찌 우리의 영혼을 굶주리게 하시겠는가?

그렇다면 이 모두는 장차 올 놀라운 미래를 가리키는 것이 아닌가? 예수 그리스도께서 나타나실 때 주어질 은혜를 우리에게 말하는 것이 아닌가?(참조. 벧전 1:13) 이 모두가 한목소리로 '오는 여러 세대'를 예고하고 있지 않은가? 곧, 하나님이 그리스도 예수 안에서 우리를 향한 인자하심 가운데, 그분의 은혜의 지극히 풍성함을 드러내실(참조. 엡 2:7) 그 영광의 시대를 말이다!

그러나 그 미래에 어두운 면도 있다. 그때 무한한 은혜가 드러나겠지만 오직 이 땅에서 그 은혜를 믿고, 은혜의 날에 이 은혜로우신 하나님께 피한 자만을 위한 것이다. 그들의 영광과 기쁨은 끝이 없을 것이다.

그러나 이 세상은 어떠한가? 곧, 어둡고 눈먼 세상은 어떠한가? 그들을 기다리는 것은 은혜가 아니다. 그들은 은혜를 멸시했기 때문이다. 생명도 아니다. 그들은 스스로 죽음을 선택했다. 오는 세상도 아니다. 그들은 현재의 악한 세상을 더 좋아한다. 그리하여 그들이 뿌린 대로, 그들은 영원히 거둘 것이다. '하나님의 진노가 그들 위에 머물러 있다'(참조. 요 3:36). 저주의 폭풍이 천둥 구름처럼 그들 위에서 휘몰아칠 것이다. 하나님이 다가올 모든 세대 동안 그 격렬한 심판을 그들 머리 위에 계속해서 쏟아부으실 것이다.

가련한 세상이여! 이것이 너의 짧고 덧없는 환락의 날의 끝이란 말인가? 이것이 모든 소망의 종말이며, 모든 절망의 시작이란 말인가? 너의 잔치는 끝났고, 한밤중까지 화려하게 밝히던 너의 연회장은 암흑 속에 잠겼다. 비파 소리도 멎었고, 욕망은 꺼졌으며, 향락은 침묵했다. 아름다움과 신분과 영화는 꿈처럼 사라졌다. 나팔이 너를 부르지만, 축제를 위한 초대가 아니다. 그 반대로 심판의 보좌로 나아가라는 부름이다!

오, 너의 죄를 회계하기 위한 자리가 너를 기다린다. 이 얼마나 두려운 일인가! 그 부름은 열린 낙원으로 너를 초청하지 않는다. 오히려 너를 둘째 사망에 넘긴다.

네 이마에 새 이름을 기록하지도 않고, 너를 복된 자 가운데 인치지도 않는다. 그 대신, 너의 손에 두루마리 하나를 들려 준다. 그 안팎에 불꽃 같은 글씨로 이렇게 쓰여 있다. '애가와 애통과 재앙이라'(참조. 겔 2:10).**

에덴의 황폐함을 두고 우리는 슬퍼할 수 있다. 이 아름다운 세상의 파괴를 생각하며 애가를 부를 수도 있다. 그러나 이런 슬픔이 길거나 깊을 필요는 없다. 이러한 것을 생각할 때 눈물이 흐르는 것이 비록 자연스럽기는 하지만, 우리는 눈물을 곧 그칠 수 있다.

왜냐하면 이 세계는 시들기 위해 시드는 것이 아니라, 더 신선하고 찬란한 아름다움으로 다시 피어나기 위해 일시적으로 스러지는 것이기 때문이다.

그러나 인간의 기쁨이 시드는 것과 죽지 않는 영혼이 파멸되는 일을 두고, 우리는 마땅히 소망 없는 자처럼 눈물을 흘릴 수밖에 없다. 그들은 스러지고 다시 돌아오지 않는다. 둘째 사망은 그 안으로 들어간 희생자를 결코 되돌려 주지 않는다. 불못은 나무 조각 하나도 그 영원한 불길에서 건져내기를 허락하지 않을 것이다.

* 밀턴은 홍수를 언급하며 이렇게 말한다. "······그때, 이 낙원의 산도 / 물결의 힘에 밀려 / 제자리를 벗어나게 되리라 뿌리 달린 물의 파도에 떠밀려 / 모든 푸르름을 빼앗기고 나무들은 물에 떠밀려 / 거대한 강을 따라 열린 심연을 향해 흘러가리라"(『실낙원』, 제11권).

** 나는 다음보다 더 강력한 언어로 그런 경고가 표현된 예를 본 적이 있는지 모르겠다.

"세상의 환락과 영광은 사라지리라. 유희의 자유는 영원히 완고한 필연성의 사슬에 묶이리라. 푸르고 꽃 피던 땅과 평화로운 동산들은 사라지리라. 아침과 저녁마다 친족들 사이에 오가던 인사도 사라지며, 반가운 우정의 목소리도, 가슴 벅찬 애정의 속삭임도 사라지리라. 그 대신 들려오는 것은 슬픔과 통곡, 또 이를 가는 소리일 것이다. 자녀들의 다정한 이름도, 아버지와 어머니, 아내와 남편이라는 부름도, 가정 안에서 피어나는 사랑과 서로를 향한 애정, 본능처럼 스며드는 친밀감과 정서적 교감, 불화 없이 이어지던 가족의 결속이 온종일 만들어 내던 따뜻한 감정의 물결도, 하늘의 향기를 머금던 이 땅의 평범하고 낮은 장면들도 모두, 모두 사라질 것이다. 그 대신 도래하는 것은 평평하게 펼쳐진 불타는 호수요, 홀로 갇힌 감옥이요, 황량한 가슴, 공포와 절망 속에서 몸부림치는 고통과 경련이며, 죽지 않는 벌레와 꺼지지 않는 불일 것이다."

"'기록되었고, 기록되었으며, 하늘에 봉인되었다.' 몇 해가 지나면 그 모두가 드러나리라. 이는 분명히 성경의 거룩한 말씀을 멸시한 자에게 반드시 닥칠 일이다. 이와 같은 끝이 예비되어 있다면, 이 짧은 시간 속에서의 자유와 쾌락과 향유가 무엇이 유익하겠는가? 삶의 모든 누림과 미묘한 감정, 인간의 모든 능력, 여인의 매력이 과연 무슨 소용이 있겠는가?"

12

불꽃의 파수꾼: 그 앞에 누인 어린양

이제 예배자가 나간 뒤, 성전의 문이 닫힌다. 그는 다시 안으로 들어가는 것이 허락되지 않는다. 그 어떤 발걸음도 버려진 뜰을 밟는 일이 없을 것이다. 또 어떤 음성도 그곳에서 예배드리는 일이 허용되지 않을 것이다. 그 성소는 이제 홀로 설 것이다. 그 누구의 발걸음도 들이지 않고, 그 누구의 기도도 울려 퍼지지 않는 그곳은 폐허 속에서도 여전히 찬란한 영광 가운데, 앞으로 올 세월 속에 남게 될 페트라, 팔미라, 페르세폴리스보다도 더 고독하고, 더 쓸쓸할 것이다(고대 찬란했던 문명이 폐허가 된 대표적인 장소로서 '황폐한 영광'의 대명사처럼 쓰임-역주)

모든 접근은 차단되었다. 하나님이 친히 그렇게 하셨다. 그러나 단지 명령 하나로 그렇게 하신 것이 아니다. 아담은 더 이상 그 명령을 맡길 수 없는 존재였기 때문이다. 그래서 하나님은 "에덴 동산 동쪽에 그룹들과 두루 도는 불 칼을 두어 생명 나무의 길을 지키게" 하셨다(창 3:24). 이것이 바로 인간이 다시 들어가지 못하도록 하나님이 취하신 조치였다. 그것은 단순한 장벽이 아니라 가장 인상적이고 두려운 방식의 차단이었다. 그것도 불꽃의 칼, 그 칼은 사방으로 두루 돌며, 들어오려는 모든 자를 향해 돌진하도록 배치되었다. 하나님이 인간의 추방과 배제를 얼마나 중요하게 여기셨는지 뚜렷하게 드러내는 파수의 방식이다.

어쩌면 이런 생각이 떠오를 수도 있다. "차라리 하나님이 그 생명나무를 당장 뿌리째 뽑아 버릴 것을 아니 그러셨는가?" 그야말로 인간이 그 나무에 손대지 못하게 하는 가장 간단한 방법처럼 보인다. 그러나 하나님은 그 나무를 남겨 둠으로써 이루고자 하신 목적이 있었다. 그분은 인간에게 이렇게 가르치기 원하셨다. "아직도 생명나무는 존재한다. 비록 너의 눈에 감추어졌고, 너의 손이 닿지 않게 되었지만 말이다." 그 생명나무를 언젠가 인간이 되찾을 것이며, 그 열매를 다시 먹을 날이 올 것이다. 그러나 지금은 그 길이 차단되어 있다. 그리고 그 나무에 강제로 접근하려는 자에게는 죽음이 그 대가로 주어질 것이다.

이처럼 인간이 다시 에덴에 들어가 생명나무의 열매를 먹는 길에 장애물이 생겼다. 그 장애물은 제거되어야 했다. 하나님은 이제 그 장애물을 의롭게 제거하기 위한 구속 계획을 펼치기 시작하셨다. 그러나 그 장애물이 제거되기까지, 그것도 의로운 방식으로 제거되기까지, 인간은 에덴 밖에 머물러 있어야만 했다. 그 장애물은 바로 죄였다. 더 정확히 말하자면, 죄에 방해하는 힘을 부여한 의의 율법이었다. "죄의 권능은 율법"(고전 15:56)이기 때문이다.

하나님은 '불꽃의 칼'을 두어 죄로 막힌 상태를 가시적으로 보이셨다. 이 칼은 단순히 울타리로 길을 막거나, 죄인 앞에서 문을 닫아버리는 것 이상의 의미를 지녔다. 불꽃의 칼은 단지 출입을 금하는 것에 그치지 않았다. 그 칼은 인간에게 명확히 경고했다. 만일 그가 들어가려 한다면, 반드시 멸망할 것이라는 경고였다. 그 멸망은 소멸하는 불이신 하나님의 타오르는 심판 아래 선언되는 멸망일 것이다.

그리하여 옛길은 완전히 닫혔다. 단지 닫힌 것이 아니라, 불타는 율법의 칼, 타협 없는 율법, 자신의 의로운 요구에서 한 치도 양보하지 않는 그 칼에 의해 철저히 수호되고 있었다. 그 수호된 길을 억지로 통과하려는 자에게는 화가 있을 것이다. 그러한 시도는 단지 헛된 일로 끝나지 않고, 죽음으로 보응될 것이다. 그 죽음은 '영원히 타오를 불꽃'의 시작에 불과할 것이다. 때가 되면 하나님이 "새로운 살 길"(히 10:20)을 여실 것이다. 그렇지만 그때까지 들어가는 길은 허락되지 않았다. 인간은 멀리 서 있을 수밖에 없었다.

이 불꽃의 칼은 성전 안에 있던 휘장과 비슷하다. 이스라엘이 지성소에 들어가지 못하도록 가로막았던 장막 말이다. 생명나무가 있던 동산은 에덴의 가장 깊숙한 중심부였고, 하나님이 거하시던 처소였다. 이런 면에서 동산은 성전 안쪽의 지성소와 흡사하다. 그리고 에덴 전체는 성소 또는 두 번째 뜰과 같다. 아마도 그 외부에는 아담이 제물을 바치던 제단이 있었을 것이다.

하나님은 불꽃의 칼을 에덴동산 동쪽에 두셨는데, 그 목적은 '생명나무의 길을 지키는 것'이었다. 그렇다면 불꽃의 칼과 지성소로 들어가는 입구를 가로막던 휘장은 더욱 비슷해 보이지 않는가?

칼과 휘장은 동일한 목적을 수행했다. 인간이 하나님 앞으로 다시 나아가는 길에 실제로 장애물이 존재한다는 사실을 가르치는 것이다. 히브리서 저자의 말처럼, "성령이 이로써 보이신 것은 첫 장막이 서 있을 동안에는 성소에 들어가는 길이 아직 나타나지 아니한 것"이었다(히 9:8).

이는 극복되어야 할 거대한 난관이었다. 곧, 죄는 반드시 속죄되어야 했다. 또 속죄를 위한 희생 제물이 반드시 마련되어야 했다. 그 희생은 결코 보통의 제물로 될 수 없었다. 불타는 율법이 진노를 풀어야 했고, 또 제거되어야만 했다. 이 모든 과정은 오직 무한한 대가를 치르고서야 가능했다. 또 긴 세월에 걸쳐, 실로 엄청난 노동과 수고의 사역으로 이루어져야 했다. 그리하여 그 일이 완전히 성취되기까지, 지성소는 닫혀 있어야 했다. 그래서 하나님과 인간 사이에 거리와 단절이 필요할 수밖에 없었다.

이처럼 하나님은 죄가 무슨 일을 저질렀는지, 그 무시무시한 교훈뿐 이니라, 그 죄를 되돌리려면 얼마나 큰 대가가 필요한지도 가르치셨다. 또한 죄의 참된 본질과 그분이 죄를 얼마나 심각하게 여기시는지를 드러낼 충분한 시간을 주셨다. 그 죄가 어떠한 방식으로 제거되어야 하는지도 밝히셨다. 그래서 하나님은 곧바로 희생 제도를 제정하셨다. 제단에서 번제를 드리라고 가르치셨다. 이로써 사람은 "피 흘림이 없은즉 사함이 없느니라"(히 9:22)는 사실을 배웠다.

바로 그 피를 통해서만 칼이 치워지고, 그 불꽃이 꺼지며, 죄인이 하나님께 향하는 길이 다시 열릴 수 있다. 더 정확히 말하자면, 그 피를 통해 '우리를 위하여 거룩하게 하신 새로운 살 길'(참조. 히 10:20)이 열렸다. 그 길은 불의 칼, 곧 휘장을 관통하여 나아가는 길이었다.

이와 같이 인간은 구원이 전적으로 하나님께 속한 것이지, 자기 자신에게서 비롯되지 않음을 깨달았다. 악을 저지른 것은 인간이었으나, 그 악을 되돌릴 수 있는 분은 오직 하나님이시다. 홍수의 수문을 연 것은 사람이었으나, 그 수문을 닫을 수 있는 분은 오직 하나님이시다. 그 길을 막은 장애물은 오직 하나님만이 제거하실 수 있다. 불타는 칼을 그 자리에 둔 분도 하나님이시고, 그 칼을 거둘 수 있는 분도 하나님 한 분뿐이시다. 에덴의 문을 잠근 분도 하나님이시며, 그 문을 다시 열 수 있는 분도 오직 하나님이시다.

인간의 노력이나 기도나 눈물이나 피가 그 길을 열 수 있는 것이 아니다. 하나님만이 길을 여실 수 있다. 그리고 그분이 여신 문은 그 누구도 닫을 수 없다. '그분이 열면 닫을 사람이 없고, 그분이 닫으면 열 사람이 없다'(참조. 계 3:7).

희생 제물이 불타는 칼 앞에서 피를 흘리며 누워 있다. 그 모습은 곧 의로우신 하나님이며 동시에 구원자이신 분, 죄를 심판하시며 또한 죄인을 속량하시는 분을 증언한다. 희생 제물이 그곳에 누워 있다. 불타는 칼에서 타오른 불이 그 희생을 사른다. 그 연기가 하늘로 올라가며, 마치 강력한 대적과 싸우는 듯, 죄인의 접근을 막는 불꽃을 끄려는지 몸부림친다. 그 제물은 그곳에 누워 있다. 마치 닫힌 에덴의 문을 인간을 대신해 두드리는 자처럼,

그를 다시 들여보내 달라고 간청하는 자처럼, 그의 죄를 짊어지고 그의 형벌을 대신 감당하겠노라 말하는 자처럼. 제단 위에 올려진 모든 새로운 희생 제물 하나하나는 그 두려운 문을 울리는 새로운 두드림이었고, 인간을 위한 새로운 중보의 탄원이었다.

아담 이후부터 구원자께서 오시기까지, 그 간절한 부르짖음은 수많은 제단에서 끊임없이 하늘을 향해 올라갔다. 그러나 문은 열리지 않았다. 불타는 칼이 여전히 있었고, 휘장도 지성소와 인간의 사이를 가로막았다. 왜냐하면 '황소와 염소의 피가 죄를 없이 하지 못하기 때문이다'(참조. 히 10:4). 더 고귀한 희생이 필요했고, 더 풍성하고도 존귀한 피가 흘러야만 했다.

마침내, 불꽃이 꺼지고, 칼은 거두어졌다. '휘장이 위에서 아래까지 찢어졌다.' 그제야 비로소 모든 옛 제사들이 가리키던 더 나은 희생 제물이 발견되었다. 더 나은 피, 곧 하나님의 어린양의 피가 흘렀다. "오직 흠 없고 점 없는 어린 양 같은 그리스도의 보배로운 피"이며, "창세 전부터 미리 알린 바 되신 이나 이 말세에 너희를 위하여 나타내신" 그분의 피였다(벧전 1:19-20).

곧 아버지의 독생자, 영원하신 아들이 육신을 입고, 스스로 제단 위에 누우셨다. 그분은 가슴으로 칼날을 받아내고, 불꽃을 안으셨다. 하나님은 말씀하셨다. "칼아 깨어서 내 목자, 내 짝 된 자를 치라"(슥 13:7). 칼이 깨어났다. 칼은 그 신적인 희생 제물을 불타는 날로 내리쳤다. 그 순간 불칼이 꺼졌다. 그 희생의 피가 불꽃을 끄고, 칼날을 가라앉혔다. 아담부터 그 시점까지 가로막혀 있던 장벽은 제거되었고, 죄인을 위한 지성소의 길이 마침내 활짝 열렸다.

그 길은 지금도 열려 있다. 불타는 칼은 다시 제자리로 돌아가지 않았다. 휘장은 다시 꿰매지거나 복원되지 않았다.

그뿐 아니다. 그 길은 피로 뿌려졌다. 이제 죄인은 그 길을 안전하게 걸을 수 있다.

그뿐 아니다. 지성소 그 안쪽, 곧 가장 깊은 성소의 바닥과 벽에까지 피가 뿌려졌다. 그래서 죄인이 그 안에 들어가 예배를 드릴 수 있게 되었다. 죄인은 그 거룩한 공간을 더럽히지도 않고, 자기 자신이 해를 입지도 않고 예배드리게 되었다.

그뿐 아니다. 그 안에 있는 은혜의 보좌, 속죄소에 하나님의 아들이 앉아 계신다. 곧, 나사렛 예수, 여자의 후손, 뱀의 머리를 상하게 한 정복자, 발꿈치가 상한 분, 우리의 기업 무를 자요, 우리의 형제이신 그분이다. 우리를 위해 육신을 입고 오신 분이다. 그분은 사로잡힌 자를 사로잡아 이끄셨고, 사람들, 곧 패역한 자를 위해서까지 선물을 받으셨다. 여호와 하나님이 그들 가운데 거하게 하시려고 말이다(참조. 시 68:18).

그렇다면, 어떤 죄인이 무엇을 더 필요로 한단 말인가? 하나님이 기꺼이 그를 맞아들이신다고 확신하기 위해 무엇이 더 필요하단 말인가? 그 칼이 제거되었고, 휘장이 찢어졌다는 사실로 충분하지 않은가? 그러니 나아가자. 그 길이 열렸고, 그 길 위에 피가 뿌려져서 죄인이 들어가기에 안전하다. 이 사실이 만족스럽지 않은가? 그러니 나아가자. 속죄소가 실제로 존재하고, 그 위에 예수님이 계시며, 그분이 우리를 받으시기에 충분한 일을 이루셨다. 이 사실에 만족하는가? 그렇다면, 설령 우리가 죄인 중의 괴수일지라도 나아가자.

"그러므로 우리는 긍휼하심을 받고 때를 따라 돕는 은혜를 얻기 위하여 은혜의 보좌 앞에 담대히 나아갈 것이니라"(히 4:16).

"그러므로 형제들아 우리가 예수의 피를 힘입어 성소에 들어갈 담력을 얻었나니 그 길은 우리를 위하여 휘장 가운데로 열어 놓으신 새로운 살 길이요 휘장은 곧 그의 육체니라 또 하나님의 집 다스리는 큰 제사장이 계시매 우리가 마음에 뿌림을 받아 악한 양심으로부터 벗어나고 몸은 맑은 물로 씻음을 받았으니 참 마음과 온전한 믿음으로 하나님께 나아가자"(히 10:19-22).

그런데 이렇게 질문하는 사람도 있을 것이다. "그러나 내가 지금 이 모습 그대로 나아가도 되겠습니까?"

그렇다. 그렇지 않다면, 그대는 과연 어떤 모습으로 나아가려는가? 하나님이 베푸신 이 모든 은혜의 준비가 충분하지 않다는 것인가? 피가 뿌려졌고, 그리스도의 속죄가 이루어졌으며, 길이 열린 이 모든 것으로 충분하지 않다는 말인가? 만일 이 모두로 충분하지 않다면, 여기에 무엇을 더하려는가?

성령님이 그대의 눈을 열어 지성소로 들어갈 정당한 근거를 보이실 때, 그분은 그리스도께서 하신 일 외에 새로운 무엇을 더 계시하시는가? 아니다. 성령님의 사명과 목적은 그대의 시선을 오직 하나님의 아들이 이루신 일에만 고정하는 것이다. 그것만이 그곳에 들어가는 유일한 근거임을 확신시키는 것, 그 외에 어디에서도, 안에서든 밖에서든 다른 무엇을 찾지 못하게 막는 것이다.

그리스도께서 이루신 사역으로 인해 그대가 지금 이 모습 그대로 받아들여진다는 사실을 성령님이 밝히 보여 주시지 않았는가? 만일 그대가 지금 이 모습 그대로 나아올 수 없다면, 그대의 상태는 영원히 소망이 없을 것이다. 그대가 암묵적으로 믿듯이, 구세주께서 무언가를 이루지 못한 채 남겨 두셨다면, 그 미완성된 사역을 완성할 또 다른 구세주가 오셔야 한다면, 그대의 구원은 결코 완성될 수 없다.

"그러나 내 죄악은 어떻습니까! 그 죄들은 진홍빛 같고, 산처럼 솟구칩니다."

그렇다. 실로 그렇다. 그 죄는 그대가 상상하는 것보다도 만 배는 더 심각하다. 그러나 이것이 그대가 나아가지 못하도록 막을 이유가 되는가? 그 속죄는 누구를 위해 이루어졌는가? 죄가 적은 자, 그나마 가벼운 죄를 가진 자를 위한 것인가? 아니다. 그대도 그렇게 말하지 않을 것이다. 그대의 죄가 셀 수 없이 많고, 죄책의 어두움이 짙으면 짙을수록, 오히려 그 속죄는 그대에게 더욱 적합하다. 그만큼 그대는 그 속죄를 더욱 귀하게 여길 이유가 있다.

이렇게 질문하는 이도 있을 것이다. "그러나 내 영혼처럼 죄 많은 자가 그 거룩한 장소에 들어간다면, 그 성소를 더럽히게 되지 않겠습니까? 이 발로 그 맑은 바닥을 오염시킬 것이고, 이 숨결이 그 순결한 공기를 더럽힐 것입니다."

아니다. 그 바닥과 벽에 뿌려진 저 피를 보라. 그 피가 바로 그 거룩한 곳이 더럽혀지지 않게 보호한다. 가장 죄 많은 자라도 그 안에 들어갈 수 있다. 그 피가 그곳에 있는 한, 결코 오염되지 않는다. 그 피가 그곳에 뿌려진 이유는 성소를 정결하게 하기 위해서가 아니다. 그곳은 본래 거룩한 곳이다. 그 피는 그곳에 들어오는 죄인으로 인해 더럽혀지기를 막기 위해 뿌려졌다. 그리고 그 피는 그 사명을 완전히 수행한다.

또 당신은 이렇게 물을 것이다. "그러나 나 같은 자가 받아들여지고 환영받는 것은 하나님을 욕되게 하지 않겠습니까?"

아니다. 전혀 그렇지 않다. 하나님은 이미 그 점까지도 대비하셨다. 그분은 당신을 받아들이는 일이 의로운 일이 되도록 모든 준비를 마치셨다. 그렇다면, 의로운 일이 어찌 하나님을 욕되게 할 수 있겠는가?

그러나 그것만이 아니다. 당신과 같은 자로부터 하나님이 영광을 받으시는 유일한 길은 당신이 지금 그분께 나아가 용서받는 것뿐이다. 당신은 다른 어떤 방식으로도 하나님께 영광을 돌릴 수 없다. 이 길 외에, 다른 길이 없다. 당신이 오지 않는 것이 하나님을 욕되게 하며, 당신이 나아오는 것은 하나님을 영광스럽게 한다.

이 얼마나 놀랍고도 복된 소식인가! 우리가 지금 당신에게 전하는 이 소식, 곧 하나님께 영광을 돌리는 유일한 길이 당신이 즉시 그분께 나아가, 하나님의 가족, 아들과 딸로 받아들여지는 것이라는 사실이!

"그러나 이 굳고 돌같이 메마른 마음(이 무감각하고, 회개하지 않는 마음)을 가진 채 어떻게 감히 그분께 나아가겠습니까?"

무슨 말인가? 그 속죄를 이루신 분이 누구신가? 바로 우리에게 회개를 주기 위해 높이 들리신 통치자요, 구주가 아니신가? 그렇다면 왜 그 문밖에 서 있으려 하는가? 게다가, 기다림이 당신에게 무엇을 줄 수 있는가? 밖에 머무는 것이 당신의 마음을 부드럽게 하거나, 회개를 낳게 하는가? 당신은 알고 있다. 결코 그렇지 않다는 것을. 그 안으로 들어가는 것이 위험하고 불경한 일 같다면, 밖에 머무르는 것에는 훨씬 더 큰 위험과 불경함이 있지 않겠는가?

독자여, 지금 당장 그리스도께 나아가지 않겠는가? 모든 것이 준비되었다. 그 길을 지키던 칼은 더 이상 존재하지 않는다. 에덴(잃어버렸던 그 낙원)이 다시 당신 앞에 열려 있다. 하나님의 성소가 활짝 열린 문과 함께 당신을 받아들일 준비가 되어 있다. 찢어진 휘장, 거룩하게 구별된 길, 피로 뿌려진 속죄소, 은혜로 충만한 대제사장, 이 모두가 한목소리로 당신을 부른다. 지체하지 말고 들어오라고 손짓한다. 그런데도, 이 땅의 황량한 광야가 낙원의 그늘진 동산보다, 하나님의 집보다 낫다는 말인가?

그리고 보라! 속죄의 표징이 이미 에덴동산 안에 세워져 있었다. 그것들은 훗날 성전 안에 세워진 것들과 동일했다. 보라! 그룹들이 안쪽 깊숙이 있지만, 결코 시야에서 완전히 가려지지 않았다. 그들은 속량받은 자의 모형이요, 구속된 피조 세계에 대한 가시적 보증이었다. 아담은 그들을 바라보며, 자신 역시 때가 되면 유업에 들어가리라는 확신을 얻었을 것이다. 그룹들은 그에게 이렇게 말하고 있었다. "너는 언젠가 우리가 지금 있는 이 자리에 다시 오게 될 것이다."

그들은 바로 아담이 불과 얼마 전까지 머물렀던 그 장소에 배치되었다. 그래서 언젠가 모든 장애물이 제거되고 불타는 칼이 거두어질 때, 그가 반드시 다시 들어가게 되리라고 선포하고 있었다.*

독자여, 특히 젊은 독자여, 이제 마지막으로 한 가지 권면을 하고자 한다. 기꺼이 마음에 담아 주겠는가? 나는 지금도 하나님과 멀리 떨어진 자에게 말하고 있다. 그대가 자신에게 맡긴 그 일은 가혹하고 허무한 수고에 불과하다. 이 황량한 광야 속에 자기만의 안식처를 세우고, 그곳에서 생명이 지속되는 동안 즐거움을 누리며, 주변을 둘러싼 황폐한 허무를 외면하고 살아가는 일 말이다.

그러나 기억하라. 하나님이 계시지 않는 곳에 그대의 영혼을 위한 평안은 없다. 하나님을 떠난 삶은 삶이 아니라, 철저한 죽음이다. 그분 밖에서는 모든 기쁨이 허망한 광기로 변한다. 세상 한복판에서 마음이 억눌리고 채워지지 않은 허전함에 시달릴 뿐이다.

그대는 겉으로 웃고, 세상의 즐거움이 그대 앞길을 유혹한다. 그러나 속으로는 시들었으며, 공허함뿐이다. 이 모두는 그대의 마음 깊은 상처를 치유하지 못한다. 그대의 목마른 영혼을 적시지도 못한다. 끝없는 공허를 채우지도 못한다. 이들은 슬픔을 달래지도, 눈물을 닦아 주지도, 끊어진 관계를 회복시키지도 못한다. 또 고통을 덜어 주지도, 뛰는 맥을 진정시키지도, 질병으로부터 그대를 지켜 주지도, 죽음을 물리치지도, 무덤에 빛을 비추지도 못한다.

그대가 이 모두를 누리고 있을지라도, 마지막 나팔은 반드시 울릴 것이다. 그대가 무덤에 있든, 쾌락 한복판에 있든, 그대는 그 소리를 듣게 될 것이다. 그날에 쾌락이 그대에게 무슨 유익이 되겠는가?

그 끝이 이토록 분명하고도 두려운데, 그대는 여전히 미친 듯이 이 헛된 꿈을 좇을 작정인가? 그대의 갈증을 결코 채우지 못하던, 머지않아 사라져 버릴 이 세상을 이제라도 떠나지 않겠는가? 생명수 샘에서 그대의 갈증을 해소하지 않겠는가? 하나님 아버지와 그리스도께서 "목마른 자여 오라"(참조. 사 55:1, 계 22:17)고 초대하시지 않는가?

낙원이 열렸고, 생명나무가 있다. 불타는 칼도 이제 그대의 접근을 막지 않는다. 그러니 담대히 들어가지 않겠는가? 그대는 하나님의 놀라운 은혜 이야기를 들었다. 그 은혜는 그대의 모든 죄를 덮을 만큼 넉넉하며, 그대의 모든 고통을 위로할 만큼 부드럽고, 그대에게 무한한 기쁨을 안겨줄 만큼 충만하다. 그 은혜는 이 땅에서도 그대에게 풍성한 몫을 예비하고 있으며, 장차 비교할 수 없이 더 영광스러운 유업을 보장하고 있다.

그러니 지금이라도 발걸음을 돌려, 그 모든 은혜가 흘러나오는 그 품, 하나님의 품 안에서 당신의 영원한 거처를 찾지 않겠는가? 그곳은 영원한 집이 될 것이며, 다시는 그대가 떠날 필요가 없는 영원한 안식처가 될 것이다.**

* 여기서 나는 그룹들이 구속의 상징이며, 속량받은 자의 형상이라는 점을 전제로 한다. 이 해석은 이제 대체로 널리 받아들여지는 것으로 보인다. 왜냐하면 성경의 처음부터 끝까지, 그룹은 항상 구속과 연결된 자리에 나타나기 때문이다. 그들은 에덴의 가장 깊은 곳에 있다. 이는 그들이 성전의 지성소에 자리했던 것과 동일하다. 물론 그들은 상징적인 존재였는데, 그 실체가 요한계시록에서 드러난다. 그들은 이렇게 노래한다. 주께서 "각 족속과 방언과 백성과 나라 가운데에서 사람들을 피로 사서 하나님께"(계 5:9) 드리셨다.

우리는 이러한 사항을 종종 잘못 인식하고 있다. 많은 저술가가 '천사의 날개'나 '천사의 수금과 면류관' 등을 말하지만, 성경은 결코 그런 식으로 말하지 않는다. 날개도, 면류관도, 수금도, 종려나무 가지도, 이 모두는 오직 '속량받은 자'의 것이다. 창세기 본문에서 그룹들은 불타는 칼을 들거나, 휘두르고 있지 않다. 그들은 전혀 다른 목적으로 거기에 있다. 곧, 인간이 에덴에 다시 들어가고, 그 땅을 다시 차지하게 되리라는 눈에 보이는 확증으로서 거기에 있는 것이다.

** 위에서 언급한 내용을 더욱 깊이 새기도록 도와줄 만한, 독일어 원문에서 번역된 매우 인상적인 글을 아래에 덧붙인다.

"얼마 전 나는 N(익명 처리된 장소)에서 열린 한 화려한 모임을 목격했다. 어떤 이들은 춤을 추기 위해 줄을 맞추고 있었다. 다른 이들은 카드 테이블에 앉아 있었다. 많은 이가 화려한 외모와 장식으로 사람들의 시선을 끌고 있었다. 나는 그 뒤섞인 무리를 바라보며, 더 나은 것을 알게 된 사실에 감사의 눈물을 흘렸다. 때때로 나는 그 불쌍하고 미혹된 사람들에 대한 연민이 차올라, 그들 한가운데서 외치고 싶은 충동이 들었다. '당신들이 찾는 것을 찾아라! 그러나 그것은 당신들이 찾고 있는 그곳에 없다.' 그들은 모두 무엇을 찾고 있었는가? 지속되는 기쁨이었다. 그러나 그들이 실제로 찾은 것은? 지나가는 즐거움과 그에 뒤따르는 영속적인 고통이었다. 특히 그들의 춤추는 모습은 내게 인간의 삶을 상징하는 애달프면서도 인상적인 장면처럼 다가왔다. 나는 그들의 춤추는 모습을 지켜보면서, 그것이 단순한 오락이 아니라, 인생 그 자체를 상징하는 깊은 진실을 보여 준다고 느꼈다. 그들은 서로 다가갔다가 흩어지고, 서로 스쳐 지나가며, 끊임없이 울려 퍼지는 음악의 자극 속에서 이 오락을 이어 간다. 열기와 먼지에 휩싸여, 마침내 완전히 지칠 때까지. 그리고 그 모든 오고 감과 춤과 쉼이 끝난 후, 새벽이 밝아온다. 그 지친 무리가 하나둘씩 무도장을 떠날 때, 허영으로 허비된 인생의 종말이 얼마나 강렬하게 떠오르는가! 희미하게 꺼져가는 조명은 먼지 낀 공기 속에서 이리저리 흩어진 채 바닥에 떨어진 찢어진 리본 조각이나 잃어버린 훈장 조각을 비춘다. 조금 전까지 그곳을 채웠던 사람들의 유일한 흔적을 말이다"(F. A. G. Tholuck, *Guido and Julius*, p.199).

13

두 예배자:
가인인가, 아벨인가?

이제부터 모든 예배는 에덴 밖에서 드려져야 한다. 왜냐하면 그 거룩한 울타리 안은 이제 금지된 땅이 되었기 때문이다. 하나님과 인간 사이의 교제는 중단되지 않지만, 그 방식에 제약이 생겼다. 죄 없는 상태에서 누리던 가까운 친밀감, 휘장도 없고, 거리도 없으며, 어떤 매개도 없이 직접적으로 소통하던 교제는 이제 끝이 났다.

하나님은 여전히 죄인 된 인간이 가까이 나아와 교제하도록 허락하신다(오히려 명령하신다). 그러나 그는 바깥에 서 있어야만 한다. 예배자가 자유롭게 사용할 수 있는 공간은 오직 바깥뜰뿐이다. 그 안쪽은 모두 철저히 차단되었다. 그가 침범하는 일은 허락되지 않는다. 그는 철저히 통제되는 입구 바로 앞까지만 나아올 수 있다. 불타는 칼날의 섬광 아래에 자신의 제단을 쌓을 수 있다. 그룹들이 보이는 자리에서 자신의 장막을 칠 수도 있다. 그러나 예배를 위한 걸음이라 해도, 그에게 단 한 걸음도 그 경계를 넘는 것이 허락되지 않는다.

그러나 어떤 조건 아래에서든지 예배가 허락되었다는 사실 자체는 하나님의 편에서 주어진 은혜의 선언이었다. 하나님께 나아가 교제할 자유가 주어졌다는 것은 하나님의 뜻 가운데 은혜가 열리기 시작했다고 인간에게 분명히 보여 주는 표시였다. 하나님의 전적인 사랑 외에, 그분이 여전히 인간을 예배자로 인정하시고, 그의 예배를 받으시는 이유가 있을 수 없다. 그 사이에 그림자가 드리워져 있고, 거리가 있다는 사실은 은혜와 모순되지 않는다.

그는 죄인이었지만, 하나님께 나아갈 수 있었다. 지구상 어느 곳에서든 예외는 없었다. 비록 에덴에서 멀리 떨어진 자리일지라도 마찬가지였다. 하나님과 교제하는 자유가 그에게 허락되었다. 이것은 그에게 주어진 분명한 은혜의 증거였다. 그보다 더 확실한 은혜의 표시는 없었다.

아담은 이 사실을 분명히 깨달을 수 있었다. 비록 나아갈 수 있는 장소나 방식에 제한이 있다 할지라도, 그는 여전히 여호와 앞에 나아가 지극히 높으신 하나님 앞에 몸을 굽힐 수 있는 환영받는 예배자로 받아들여졌다. 이 사실에 그는 이렇게 고백하지 않을 수 없었을 것이다. "여호와여 주께서 죄악을 지켜보실진대 주여 누가 서리이까 그러나 사유하심이 주께 있음은 주를 경외하게 하심이니이다"(시 130:3-4).

달라진 하나님과의 소통 방식과 매개는 분명 새롭고 낯설었다. 이제 인간은 피를 가지고서만 하나님께 나아갈 수 있었다. 다른 어떤 방식으로도 그분은 인간을 대하시지 않았다.

그러나 이것이 결코 하나님이 죄인을 받아들이기를 주저하신다는 뜻은 아니었다. 은혜가 철회되었다는 의미도 아니었다. 예배자가 하나님께 나아가는 길을 일부러 막으려는 것도 아니었다. 인간이 하나님께 나아갈 정당한 근거가 불확실하다는 뜻도 아니었다. 마치 은혜가 아직 충족되지 않은 조건들에 달렸다는 듯이, 그가 하나님의 환대를 받을지 의심을 조장하려는 것도 아니었다.

오히려 그 반대였다. 하나님은 인간의 눈을 가장 두려운 종류의 장애물로 향하게 하는 동시에, 그 모든 장애물이 제거되기를 바라는 그분의 뜻을 선언하고 계셨다.

나아가 그 장애물을 반드시 제거하겠다는 확고한 목적을 선포하셨다. 그것이 얼마나 큰 대가를 필요로 하든, 얼마나 긴 시간이 걸리든, 얼마나 경이로운 노동을 요구하든 간에, 하나님은 그 구속 사역이 온전히 완수되기 전에 결코 멈추지 않겠다고 분명히 밝히신 것이다.

이처럼 아담은 하와와 함께 예배했다. 하와는 "모든 산 자의 어머니"(창 3:20), 곧 약속된 씨의 어머니였다. 아담이 에덴 밖에서 예배한 그분은 에덴의 복된 그늘에서 그와 교제하시던 바로 그 여호와 하나님이셨다. 다만 이제 그는 '은혜의 하나님' 앞에 나아가는 것이다.

아담은 날마다 제단 위에 어린양을 드렸을 것이다. 그 제사는 자신이 그 제물과 함께 타버리지 않고 살아있는 이유가 오직 하나님의 은혜 때문임을 믿는다는 믿음의 표지였다. 동시에 오직 그 피를 통해서만 자신에게 은혜가 이를 수 있으며, 하나님의 은혜가 자기 같은 자를 받아들이는 유일한 길이 바로 그 피임을 고백하는 제사였다.

시간이 흘러, 아담은 더 이상 제단 앞에 홀로 서 있지 않았다. 하나님이 그에게 주신 자녀들이 그와 함께 나아왔다. 그는 자녀들을 어린 시절부터 그 제사의 자리로 데려왔음이 분명하다. 그리고 그 제사의 의미를 가르쳐 주었을 것이다. 자녀들은 아담과 함께 초목 위에 무릎을 꿇고, 아버지가 여호와께 찬송하고 자백하며 간구할 때 함께 있었을 것이다. 번제의 연기가 하늘로 피어오르거나, 에덴의 나무들 위로 고요히 흩날릴 때, 그곳에는 오직 '한 입술'과 하나의 마음만이 있는 듯했다. 한 가족, 하나의 제단, 한 예배. 그렇게 보였다.

그러나 그 조화는 오래가지 않았다. 자녀들이 자라면서, 차이가 드러나기 시작했다. 지금까지 단 하나의 예배자만 있는 듯했지만, 이제는 두 예배자가 있었다. 그들은 서로 완전히 어긋나 있었다. 마치 서로 전혀 다른 두 하나님을 섬기고 있다는 듯이 그들의 경배는 극명하게 갈라졌다. 이제 우리는 그 두 예배자를 바라보며, 그들 사이의 차이를 분별해야 한다. 그들의 차이는 사소하지 않았다. 그들이 이해한 하나님의 성품과 자기 자신에 대한 인식은 정오의 햇살과 한밤중의 어두움처럼, 서로 극명하게 대조되었다.

가인과 아벨에 관한 서술에서, 우리에게 강하게 다가오는 한 가지 사실이 있다. 바로 아담의 후손 가운데 두 큰 계열이 드러나기 시작했다는 점이다. 곧 '여자의 씨'와 '뱀의 씨'가 그들 안에서 처음으로 나타났다.

이 분리는 놀라울 만큼 빠르게 일어났다. 그것은 인류의 첫 번째 세대에서, 첫 가정 안에서 시작되었다. 여인에게서 태어난 첫 사람은 마귀에게 속한 자요, 뱀의 후손 중 하나였다. 이는 이웃이나 친구, 또는 먼 친족 간의 갈등이 아니었다. 한 어머니에게서 태어난 두 형제가 갈라섰다. 그 어머니는 바로 하나님이 약속을 주신 그 여인이었다. 그들은 에덴이 보이는 곳에서 태어났고, 세상이 악에 물들어 타락한 시대에 산 것도 아니었다. 그럼에도 불구하고, 의의 씨와 패역의 씨는 벌써 그 가정 안에서 갈라서기 시작했다.

이 차이는 출생에서 기인한 것이 아니다. 그들은 본성상 동일하다. 죄에 오염된 아버지의 형상을 따라 난 자들이지, 하나님의 형상을 따라 난 자들이 아니다. 그러나 아벨 안에서 우리는 하나님의 능력이 세운 기념비를 본다. 성령님의 사역이 낳은 한 표본을 본다. 여호와의 주권적 선택이 거둔 승리의 전리품을 본다. 선택받은 자는 맏아들이 아니라, 둘째이다. "나중 된 자가 먼저 되고, 먼저 된 자가 나중 되리라." "그렇습니다, 아버지여. 이는 아버지께서 보시기에 이와 같이 하는 것이 합당하고 기쁘셨기 때문입니다"(참조. 마 11:26).

두 형제에게 전혀 공통점이 없는 것은 아니었다. 둘 다 같은 하나님을 인정한다고 고백했다. 둘 다 그 하나님을 예배하러 나왔다. 둘 다 손에 예물을 들고 나아왔다. 그들은 같은 제단 앞에 서고, 같은 시간과 같은 장소에서 예배를 드렸다. 이 점에서 그들은 서로 같다. 그러나 유사함은 거기에서 끝나고, 차이점이 바로 그다음에서부터 시작된다.

세상 사람의 눈에 이러한 외적인 유사점은 서로 간의 차이보다 훨씬 크고 중요하게 보인다. 인간은 종교를 세울 때 겉으로 드러나는 것, 눈에 보이는 것만 본다. 겉모습만 갖추어지면, 더 이상 바랄 것이 없다고 여긴다. 오히려 하나님이 그 이상을 요구하실 권리가 없다고까지 생각한다.

입술은 경배하지만, 바람처럼 공허하다.
마음은 그 허위를 알고 있으나,
차마 부정하지 못한 채, 묵묵히 따를 뿐이다.

세상은 이를 종교라 부른다. 몇 마디 기도, 약간의 구제, 점잖은 삶, 교회 출석이라는 체면, 성례에 참여, 이들이 세상 종교의 본질적인 항목이다. 그런데 이 모든 항목은 가인의 종교 안에도 다 들어 있다. 실상 두 종교는 외형상 거의 동일하다. 만일 하나님이 후대에 드린 예배를 거절하셨다면, 선대에 드린 예배를 받으셨다고 생각할 수 있을까? 하나님이 맨 처음 가인의 예배를 거절하셨다면, 그와 같은 방식으로 드리는 후손의 예배를 어찌 기쁘게 받으시겠는가?

그럴 수 없다. 하나님은 사람이 보는 것처럼 보시지 않으며, 세상의 저울추로 판단하시지 않는다. 그 저울은 오직 눈에 보이는 것, 외형만을 달 수 있기 때문이다. 하나님은 성소의 저울로 달아 보신다. 그리고 우리 주님은 "너희 마음을 하나님께서 아시나니 사람 중에 높임을 받는 그것은 하나님 앞에 미움을 받는 것이니라"(눅 16:15)라고 하셨다. 인간이 만든 종교와 하나님의 종교는 사막의 모래가 에덴동산과 닮은 만큼도 닮지 않았다. 그러므로 이제 이 두 예배자 사이의 차이를 좀 더 세밀히 살펴보자.

아벨은 죄인으로 나아온다. 스스로는 결코 하나님께 나아갈 자격이 없는 자로, 자신 안에서 받아들여질 만한 어떤 근거도 제시할 수 없는 자로 나아온다. 반면에, 가인은 단지 피조물로서 나아온다. 자신을 지으신 하나님께 나아갈 권리가 당연히 있다고 여기는 자로서 나아온다.

가인의 입술에도, 그의 손에도, 죄에 대한 인정은 없다. 그는 자기 아버지가 타락 이전에 어떻게 하나님께 나아갔는지 알았다. 그리고 바로 그 방식 그대로 다시 나아가겠다고 마음먹는다. 죄를 고백하는 일 앞에서 결코 자신을 낮추려 하지 않는다. 진노를 받아 마땅하다는 사실을 인정하려 하지 않는다. 그러면서도 그는 여전히 하나님께 나아온다.

그는 예배가 불필요하다고 느끼지는 않았을 것이다. 오히려 그는 그것이 마땅하고 단정한 일이라고 여겼을지도 모른다.

그는 종교를 가지고 있어야 한다고 생각한다. 그러나 그가 받아들일 수 있는 종교는 오직 '자연 종교'뿐이다. 곧, 하나님을 창조주로, 자신을 피조물로 인정하는 종교다. 그는 그 정도는 받아들인다. 하나님이 경배받을 권리를 가지셨다는 것을 인정하고, 그 경배를 드리는 일에서 어쩌면 자부심이나 기쁨을 느꼈을지도 모른다.

그는 하나님의 호의를 얻을 만한 것으로 여기며, 그 호의를 사기 위해 자기의 소유 일부를 기꺼이 내놓을 준비도 되어 있다. 그러나 그는 결코 고백하려 들지 않는다. 자신이 하나님의 호의를 잃을 만한 죄를 지었다는 사실을 말이다. 그는 하나님께 나아오지만, 그 호의를 잃어 마땅한 자로서 나아오지 않는다. 하나님이 그를 피조물로서 받아 주시고, 그의 예물을 감사의 표시로 받아 주신다면, 그는 나아갈 것이다. 왜냐하면 그는 이 예물을 통해 자신이 하나님께 온전히 빚진 존재가 되는 것을 막을 수 있다고 생각하기 때문이다. 그러나 이와 같은 방식이 아니라면, 그는 결코 나아오지 않을 것이다.

그러나 아벨은 전혀 다른 태도로 하나님께 가까이 나아간다. 그는 오직 죄인이라는 신분으로만 하나님께 나아갈 수 있다고 느낀다. 그리고 그러한 신분으로만 하나님이 자신을 대하시며, 자신도 하나님을 만날 수 있다고 믿는다. 그는 자신의 죄를 감추거나 축소하려 하지 않는다. 그는 자신의 죄를 다른 사람에게, 또는 자신이 처한 환경에 돌리지 않는다. 마치 자신이 어쩔 수 없이 죄를 지은 것처럼 핑계를 대지도 않는다. 그는 율법이 너무 엄격하다고 비난하지 않으며, 율법을 주신 하나님이 너무 가혹하다고 원망하지도 않는다.

그는 죄인으로서 나아간다. 그리고 자신의 죄에 대해 오직 자기 자신에게 책임이 있다고 고백한다. 성령님은 그에게 죄가 무엇인지 가르쳐 주셨고, 그 결과 그는 자신의 죄악 됨을 미워할 줄 알게 되었다. 그러나 그 동일한 성령님은 그에게 하나님이 죄인을 받아 주시는 분이라는 사실도 가르치셨다. 곧 자기 자신이 죄인임을 알고 그 모습 그대로 나아오는 자를 말이다.

그러므로 그는 나아간다. 그가 자신에 대해 아는 전부는 단 하나, 그가 죄인이라는 사실뿐이다. 그러나 하나님이 그의 아버지가 죄를 범했을 때 가르쳐 주신 그 은혜 이야기를 그는 알고 또 믿었다. 그래서 그는 멀리 있지 않다. 도리어 즉시 가까이 나아간다. 그 이야기가 드러내는 은혜에 이끌려, 담대하게 다가간다. 그 은혜는 그가 보기에 그에게 꼭 알맞으며, 동시에 충분하다.

아벨은 죽음이 자신이 마땅히 받아야 할 몫이라고 인정하며 나아간다. 그는 피 흘리는 어린양을 제단 위에 올려놓는다. 반면에, 가인은 이를 인정하지 않는다. 그래서 그는 단지 자기 밭의 소산만을 예물로 가져온다.

가인이 가져온 것에 죽음을 암시하는 어떤 흔적도 없다. 그는 죽음이 자신의 당연한 몫이라는 사실을 부정한 것이다. 아마도 가인의 제물 자체는 그 가치 면에서 아벨의 제물 못지않았을 수 있다. 가인의 제물은 더 많은 수고를 요구했을 것이다. 왜냐하면, 땅을 갈며 이마에 땀을 흘려 얻은 수고의 열매였기 때문이다. 그러나 그 안에는 죽음에 대한 인정이 없었다. 따라서 그의 예물도 그 자신도 받아들여지지 않았다. 죄의 삯이 죽음임을 인정하지 않는 한, 은혜는 결코 흘러나올 수 없다.

은혜는 죄가 무한한 악이며, 죄에 합당한 대가는 오직 죽음뿐이라는 진리를 바탕으로 베풀어진다. 이 사실을 받아들이지 않는 사람과 은혜는 서로 상관이 없다. 가인은 자신이 죄인이라고 인정할 수는 있다. 그러나 자신이 생명을 받을 자격이 전혀 없는 죄인이라고 인정하지 않는다면, 은혜는 그에게서 얼굴을 돌린다. 그렇다고 해서, 그를 위한 은혜가 부족한 것은 아니다. 오히려 그는 스스로 그 은혜를 거부하는 것이다. 그는 하나님이 은혜를 베푸시는 일을 그분의 영광을 훼손하는 일로 만드는 바로 그 일을 하고 있다. 그는 스스로를 은혜가 품을 수 없는 자리에 놓았고, 은혜가 알아보지 못할 모습으로 자신을 바꾸어 버렸다.

아벨은 죽음을 받아 마땅한 자로서 하나님께 나아왔다. 그는 스스로를 향한 그 선언, 곧 "범죄하는 그 영혼은 죽으리라"(겔 18:4)는 판결 아래 있는 자로 자신을 여겼다. 그는 자신이 그러한 자라는 사실을 눈에 보이는 상징으로 표현하며 나아왔다. 바로 제단 위에 올려놓은 어린양이 그것이다. 제사를 드릴 때마다, 그는 이렇게 고백했다.

"저는 죽어 마땅합니다. 죄의 삯은 죽음이며, 죽음 외에는 어떤 대가로도 부족합니다. 저 자신이 죽든지, 누군가가 저 대신 죽든지 해야 합니다. 제가 이대로 죽는다면, 저는 영원히 하나님께로부터 끊어지며, 죽은 자는 하나님을 경배할 수 없기에 다시는 하나님께 나아갈 수 없습니다. 그러나 누군가가 저를 대신해 죽는다면, 그것은 곧 제가 죽고 저주를 짊어진 것과 다름 없게 됩니다. 그렇게 되면 저는 해방되고, 모든 형벌이 이미 지불되었거나, 애초부터 제게 부과되지 않았던 것처럼, 하나님께 나아갈 수 있습니다. 그러므로 제가 드리는 이 죽음의 제물이 저의 죽음을 대신하게 하시고, 제게 주어져야 했을 저주는 이 대속물에 옮겨지게 하소서."

이처럼 아벨은 하나님이 죄를 어떻게 평가하시는지, 또한 그 죄에 대한 형벌이 무엇인지를 하나님의 방식대로 받아들였다. 그리고 그는 죄를 속죄하시고 벌을 감당하시는 하나님의 방법 또한 받아들였다. 그의 양심은 하나님 앞에서 평안을 얻었다. 또 그의 영혼은 하나님 안에서 안식을 누렸다. 그는 이 죽음이 죄인에게 은혜가 흘러오는 통로임을 보았고, 자신이 죽음을 받아 마땅한 자리에 서게 될 때, 그 은혜가 자신에게도 흘러온다는 것을 깨달았다.

그렇다면 우리는 지금 그러한 자리에 서 있는가? 하나님 앞에 나아가려는 우리의 발걸음이 디디는 발판은 바로 그것인가? 다른 어떤 발판도 우리를 유익하게 하지 못한다. 우리의 교만과 자기 의는 그보다 덜 낮아지는 자리를 더 선호할지도 모른다. 하지만 그 길은 결국 하나님께로부터 거절당하는 길이다.

바로 그 자리로 우리를 이끌고자 성령님은 죄를 깨닫게 하신다. 죄를 책망하실 때, 성령님은 바로 이와 같은 방식으로 죄가 무엇인지, 그 대가가 무엇인지 깨닫게 하신다. 그분은 우리를 이렇게 고백하는 자의 자리로 인도하신다. "내 허물을 여호와께 자복하리라 하고 주께 내 죄를 아뢰고 내 죄악을 숨기지 아니하였더니 곧 주께서 내 죄악을 사하셨나이다"(시 32:5).

아벨은 피를 손에 들고 나아온다. 그러나 가인에게서는 피가 보이지 않는다. 어쩌면 그는 피를 흘리는 일이 부자연스러울 뿐 아니라, 불필요하다고 여겼는지도 모른다.

가인은 아벨의 어린양에게서 흘러나오는 붉은 피를 가리키며, 피 한 방울 묻지 않은 자신의 아름다운 과일 제물(땅의 열매들)과 대조했을 것이다. 그는 고통스러워 몸부림치는 어린양의 모습을 비웃듯 바라보며, 자신의 제물이 얼마나 고통 없고, 더 보기 좋고, 더 세련된 것인지 강조했을지도 모른다. 어쩌면 그는 오늘날 인간의 이성에 근거한 많은 주장처럼, 자기 신앙은 피를 흘리는 종교가 아니라서 감사하다고 여겼을 것이다. 아벨이 어떤 신앙을 지녔는지는 모르겠지만, 적어도 자신은 피조 세계에 고통을 더하지 않는다! 그의 신앙은 너무 이성적이고 너무 순수해서, 그런 피의 제의는 받아들일 수 없다!

그러나 바로 그 피가 없다는 사실이 그가 거절당한 근본 이유였다. 사람이 어떤 정교한 논리를 제시하더라도, 하나님은 피로 거룩하게 되지 않은 무엇도 받으시지 않는다. 그렇게 받으시는 것은 오히려 하나님을 더럽히는 일이 된다. 피만이 죄인을 하나님께 가까이 나아가게 하는 유일한 길이다. "피흘림이 없은즉 사함이 없느니라"(히 9:22).

그 피는 가인조차도 깨끗하게 할 수 있고, 그가 받아들여지게 할 수 있다. 그러나 그가 그 피를 짓밟는다면, 그의 운명은 거절밖에 없다. 그를 깨끗하게 할 수 있었던 그 피가 영원히 그를 정죄할 것이다.

아벨은 피를 붙들고, 그 피가 흐르는 그 자리에서 하나님 앞에 섰다. 성령님은 그 피의 의미를 가르쳐 주셨다. 바로 그 피가 그에게 평안을 주고, 그를 정결하게 하며, 그를 고치고, 그가 죄책 없이 하나님께 담대히 나아가게 한다. 그 피가 그의 양심을 죽은 행실에서 깨끗하게 하여, 살아계신 하나님을 섬기게 한다. 왜냐하면 그 피는 하나님의 진노가 대속 제물 위에 쏟아졌으며, 이로 말미암아 그 진노가 영원히 자기에게서 거두어졌다는 사실을 알려 주기 때문이다.*

그는 이것이 하나님이 자신을 구원하시는 길임을 본다. 그리고 그는 그 방식에 만족한다. 그는 다른 어떤 길도 바라지 않는다. 그는 자유로운 사랑의 강물이 이 붉은 통로를 따라 흐르는 것을 본다. 그리고 그 강가에 자기 장막을 친다. 그 강 곁에서 흐르는 하나님의 강물 외에, 다른 어떤 거처도 바라지 않는다.

아벨은 약속 위에 기대어 나아왔다. 그 약속은 하나님의 은혜가 풍성하다고 알리며, 하나님께 가까이 나오라고 죄인을 초청했다. 그는 아무 약속도 없이 감히 나아갈 수 없었다. 그러나 하나님이 주신 그 약속이면 충분했다. 그 약속은 하나님에 대한 두려움을 잠재우기에 충분한 내용을 담고 있었다. 만일 그 약속이 없었다면, 그는 결코 나아오지 못했을 것이다. 오히려 그는 달아

났을 것이다. 그러나 은혜의 말씀이 그에게 주어졌기에, 그는 이제 담대히 나아올 수 있었다. "참 마음과 온전한 믿음으로"(히 10:22) 하나님 앞에 나아올 수 있었다.

그는 그 약속을 자신의 제단 위에 올려진 희생 제물과 함께 바라보며, 장차 오실 구속자의 그림자를 희미하게나마 목격한다. 구속자께서 가져오실 사랑이 언젠가 완전히 드러나리라고 그는 감지한다. 그의 시선은 시대를 뛰어넘어 결국 여자의 씨, 곧 더 나은 희생 제물 위에 머문다. 그는 짓밟힌 발꿈치를 알아보고, 그 속에서 사탄을 이기시는 승리자를 인식한다.

아벨은 약속 안에서 그 은혜를 분별한다. 또 희생 제사 안에서 그 은혜가 의롭게 흘러나오는 방식을 분별한다. 그리고 이 두 가지(약속과 희생 제사)를 나란히 바라보며, 하나님 앞에서 담대한 확신을 얻고, 죄를 미워하는 거룩하신 하나님께 믿음의 손을 들게 된다.

가인에게 약속은 아무런 의미가 없다. 그는 약속도 은혜도 필요하지 않은 자처럼 행동한다. 그는 아무런 초청 없이 나아온다. 오히려 그에게 그런 초청은 불편한 짐처럼 느껴진다. 왜냐하면 그 초청은 그가 결코 인정하고 싶어 하지 않는 사실을 전제하기 때문이다. 곧, 자신에게 약속이 필요하며, 은혜 외에 의지할 것이 없다는 사실 말이다. 그는 마치 스스로를 초청할 수 있는 자인 양, 자기 스스로 구원자가 될 수 있는 자인 양 행동한다. 나아가 애초에 구원자 자체가 필요하지 않은 자처럼 행동한다.

우리에게 이 약속은 무엇인가? 우리는 이 약속에 어떤 가치를 부여하고 있는가? 이 약속은 하나님의 무한하고 값없는 사랑이 담긴 그릇인가? 그 사랑이 불꽃 같은 글씨로 새겨진 문서인가? 이 약속이 우리를 끌어당기고 확신을 주며, 마음을 기쁘게 하는가? 이 약속이 모든 두려움을 꾸짖고, 모든 신뢰를 일깨우는가? 이 약속이 주님의 은혜로운 음성처럼 들리는가? "수고하고 무거운 짐 진 자들아 다 내게로 오라 내가 너희를 쉬게 하리라"(마 11:28). "내게 오는 자는 내가 결코 내쫓지 아니하리라"(요 6:37). 우리가 휘장을 지나 지성소 안으로 들어갈 때, 우리 손에 들고 있는 의지할 지팡이가 바로 이 약속인가?

그렇다면, 이 두 형제 사이의 가장 본질적인 차이는 무엇인가? 결국 핵심은 이것이다. 한 사람은 은혜 이야기를 믿었고, 다른 한 사람은 믿지 않았다. 우리는 이미 둘 사이에 나타난 여러 차이점이 지닌 뉘앙스를 살펴보았다. 그러나 그 모든 차이는 결국 이 한 가지 사실을 포함한다.

아벨의 모든 신앙은 은혜 위에 세워져 있었으며, 그가 행한 모든 신앙 행위는 은혜 없이 전혀 의미를 가질 수 없다. 반면에 가인의 신앙은 은혜와 전혀 연결되지 않았다. 오히려 그는 은혜를 부정하고 은혜 없이 독자적으로 나아갔다. 이것이 바로 그들 사이의 가장 두드러진 차이점이다. 표면적으로 작은 차이처럼 보일 수 있지만 하나님의 눈으로 보기에 그것은 모든 것을 결정짓는 본질적인 차이였다. 바로 이 한 가지 이유로, 한 사람은 버림받았고, 다른 한 사람은 사랑받는 아들로 받아들여졌다.

두 사람 모두에게 동일한 은혜 이야기가 전해졌다. 같은 아버지의 입술이 그 이야기를 말해 주었고, 같은 장면이 그 은혜를 선포했다. 은혜 자체에 차이가 있었던 것도 아니고, 그 은혜를 전하는 방식에 어떤 차별이 있었던 것도 아니다. 두 형제 모두 사랑 이야기를 들었다. 어쩌면 하나님께 들었을 가능성도 있다. 이후의 서술을 보면 가인이 하나님의 음성에 낯설지 않았다는 것이 분명히 드러나기 때문이다. 그러나 한 형제는 그 이야기에 귀를 기울이고, 마음으로 받아들였다. 반면에 다른 형제는 귀를 막고 등을 돌렸다.

아벨을 하나님의 자녀가 되게 한 것은 바로 그 은혜 이야기를 믿은 믿음이었다. 반대로, 가인의 불신앙은 그의 제물과 그 자신 모두를 하나님께서 거절하신 이유가 되었다.

오늘날 인류 가운데서도 여전히 같은 구분이 존재한다. 그 한쪽 무리의 맨 앞에 '의로운 아벨'이 있고, 다른 한쪽 무리의 맨 앞에 '살인자 가인'이 있다. 첫 번째 무리는 이제 주 예수 그리스도의 십자가를 통해 충만히 드러난 은혜 이야기를 믿고 하나님께 나아가 기쁨으로 하나님의 자녀가 된 자들이다. 그들은 이 땅에서 나그네와 이방인으로 살아간다. 다른 무리는 이 은혜 이야기를 믿지 않고, 십자가에 주의를 기울이지 않으며, 그 피의 가치를 귀하게 여기지 않는 자들이다. 그들은 여전히 하나님께 속하지 않은 자, 곧 도망자로 남아 있다. 그들에게는 이 세상에서도 유업이 없고, 오는 세대에도 유산이 없다.

우리는 지금 아벨과 같은 믿음의 삶을 살고 있는가? 희생 제물의 피는 우리에게 '더 나은 것'을 말해 주는 음성인가? 그 피가 나타날 때마다, 우리의 괴로움과 불안이 떠오르는 햇살 앞의 안개처럼 즉시 사라지는 것을 경험하는가? 죄나 의심이 하나님과 우리 사이에 끼어들 때, 그 피를 바라보는 것만으로도 우리 마음이 다시 평안으로 돌아오는가? 그 피의 무한한 가치를 알고 우리가 어떤 큰 죄를 범하든지 그 피가 즉시 씻어낼 수 있다고 완전히 확신하는가?

"단번에 정결하게 되어 다시 죄를 깨닫는 일이 없으리니"(히 10:2)라는 말씀처럼, 그 피 앞에서 우리의 양심이 평안을 누리는가? 죄책의 구름이 드리울 때, 그 피를 한 번 바라보는 것만으로 우리 마음은 다시 위로를 얻는가? 그리고 그 위로는 우리 안에 있는 모든 증거와 우리 삶에 주어진 모든 은혜의 목록과도 비교할 수 없이, 말로 다 표현할 수 없이 큰가? 그 피는 우리에게 그렇게 완전한 만족을 주는가?

그래서 한편으로, 우리가 자기 죄악의 깊이를 들여다보는 일을 더 이상 두렵지 않게 하는가? 또 다른 한편으로, 우리를 하나님 앞에서 다른 무엇이 아닌 '죄인 중의 괴수'로 알리고자 하는 마음 외에, 자신에 대한 어떤 욕망도 사라지게 하는가? 그 피가 하나님 앞에서 우리가 받아들여진다는 사실을 그렇게도 확실하고 견고하게 보장해 주기에, 비록 우리를 변호해 주는 것이 오직 그 피 하나뿐일지라도, 마치 죄를 짓기 전 아담이 하나님 앞에 섰던 것처럼, 단순하게 신뢰하는 마음으로 하나님께 나아갈 수 있는가?

이 피가 뿌려진 자로서, 우리는 지금 이 악한 세대에서 자신을 구별하고 있는가? 이 피가 우리와 하나님 사이를 가로막던 휘장을 거두어 낸 동시에 우리와 세상 사이에 휘장을 드리운다는 사실을 느끼는가?

우리는 앞을 바라본다. 그곳, 여호와께서 계신 곳을 본다. 휘장은 사라지고 없다. 하나님과 우리가 얼굴을 마주하며, 화목과 교제와 사랑 가운데 만난다. 그러나 우리는 다시 뒤를 돌아본다.

'악인의 장막', 곧 우리가 오래 거주했던 그곳을 돌아본다. 그들과 우리 사이에 휘장이 드리워져 있다. 우리는 느낀다. 예전에 거룩하신 하나님과 우리 사이를 가로막던 그 휘장이 이제 거룩하지 않은 세상과 우리를 갈라놓았다는 사실을. 그렇다면 우리는 지금 헛된 것과 정욕과 쾌락과 세속적 교제로 가득한 세상에게 기꺼이 이별을 고한 자처럼, 그 모두로부터 자신을 구별하며 살아가고 있는가?

"너희 생명이 그리스도와 함께 하나님 안에 감추어졌음이라"(골 3:3)고 믿는 자로서, 우리는 "우리 생명이신 그리스도께서 나타나실 그 때에 너희도 그와 함께 영광 중에 나타나리라"(골 3:4)는 것을 알고, 그분의 다시 오심을 고대하며 살아가는가? 이 땅에 우리가 영원히 머물 도성이 없고, 아벨 또는 아브라함처럼, 이 땅에서 나그네로 살아가는 삶에 만족하는 자로서, "지으실 터가 있는 성"(히 11:10)을 기대하며, 이 약속의 성취를 미리 바라보고 있는가? "자기 두루마기를 빠는 자들은 복이 있으니 이는 그들이 생명나무에 나아가며 문들을 통하여 성에 들어갈 권세를 받으려 함이로다"(계 22:14)라는 그 말씀처럼.

또 첫째 아담의 죄로 말미암아 잠시 에덴 바깥에 머무는 자들로서, 우리는 "하늘로부터 오신 주이신 둘째 아담"의 의를 통해 더 나은 에덴에 들어갈 소망을 굳게 붙잡고 있는가? 그 에덴의 상속자로 우리가 이미 정해졌다는 그 복음의 확신을 날마다 붙들고 있는가?

혹 독자여, 당신의 삶은 가인의 삶과 같은가? 성경이 말하듯, "화 있을진저 이 사람들이여, 가인의 길에 행하였으며"(유 11)라고 한 그 사람들 가운데 속한 삶인가? 가인의 '길'은 "이 세상 풍조를 따르는"(엡 2:2) 길이었다. 그의 분깃은 이 땅에 있었다. 그는 성을 건설하고 그 안에 거주하며, 이 땅을 자기 집으로 삼기로 작정한 자처럼 살았다. 그의 목표는 하나님 없이도 행복하고 번영하는 것이었다. 나그네의 삶은 그에게 어울리지 않았다.

가인이 추구한 것은 장래의 본향이 아니라, 지금 이 땅에서 머물 집이었다. 그 집이 비록 가시와 엉겅퀴가 자라는 땅 한가운데 있다 할지라도, 그는 썩지 아니할 유업에 대한 소망보다도 그 땅을 더 선호했다. 이 세상은 그가 기대하는 모든 기쁨을 실어 나르는 그릇이었다. 그는 이 세상 밖에서 또 그 너머에서, 어떠한 소망도 갖고 있지 않았다. 이 세상은 그가 금과 은을 쌓아둔 보물창고이며, 그는 그 보물 외에는 진정한 유산도 영원한 기대도 없는 자였다.

가인이 살던 세상은 하나님이 계시지 않는 세상이었다. 아니, 하나님이 계실 수조차 없는 세상이었다. 그 세상과 친구 됨은 하나님과 원수 되는 것이며, 하나님과 친구 됨은 그 세상과 원수 되는 것이기 때문이다(참조. 약 4:4). 하나님에 관한 생각은 그에게 불청객과 같았다. 쓴 즙 한 방울이 잔에 떨어지는 것처럼, 밝은 태양을 가리는 먹구름처럼 하나님을 생각하는 일은 그의 삶에 불쾌함을 주었다.

가인의 목적은 분명했다. 자기 영혼 속에 하나님이나, 하나님의 일이 들어올 여지를 주지 않는 것, 그래서 자신의 활동과 즐거움을 가능한 한 늘리는 것이었다. 그렇게 그는 자신의 양심을 망각 속에 잠그려 했다. 자신의 죄를 잊고, 하나님을 잊고자 했다. 염려와 짐과 수고조차도, 그가 하나님을 차단하는 데 도움이 될 수 있다면, 그에게 전혀 문제가 되지 않았다.

가인의 종교는, 그의 다른 모든 일과 마찬가지로, 하나님을 멀리 밀어내고, 그분이 자기 영혼에 접근하지 못하게 하려는 도구였다. 이것은 어쩌면 가장 낯설고, 가장 믿기 어려운 일일 것이다. 그러나 우리는 이 일이 오늘날 매일같이 일어나는 현실임을 목격한다.

사람들 대부분에게 종교란 무엇인가? 하나님과의 기쁨에 찬 교제의 삶, 은혜로우신 주인을 향한 사랑의 섬김인가? 결코 그렇지 않다. 그들이 믿는 종교의 목적은 끊임없이 하나님의 존재와 그분의 주권을 증언하며 그들 양심 속에서 요동치는 불안을 달래거나 억누르는 것이다.

    그들은 종교를 마치 하나님께 바치는 일종의 뇌물처럼 추구한다. 하나님이 그들에게 더 이상 요구하시지 않도록 말이다. 그들에게 종교는 하나님 앞에 나아가 그분 안에 머무는 기쁨의 통로로써 기꺼이 누리는 것이 아니라, 단지 의무적으로 수행되는 행위가 되었다. 그마저도 하나님을 완전히 배제하기 위해 그들은 마치 이렇게 말하는 듯, 무릎을 꿇고 기도하는 자리에 나아간다. "그들은 하나님께 말하기를 우리를 떠나소서 우리가 주의 도리 알기를 바라지 아니하나이다"(욥 21:14).

    이것이 가인의 종교였다. 그리고 이것이 세상에 속한 사람들의 종교이다. 그럼에도 불구하고, 여전히 '종교'라 불린다. 사실상 하나님 없는 세상과 하나님을 차단하기 위해 고안된 종교인 것이다. 하나님 없는 세상과 하나님 없는 종교라는 이 두 가지야말로 인간이 가장 간절히 자기 손에 쥐고 싶어 하는 전부다.

    이것이 당신의 삶인가, 독자여? 이러한 삶이 오래 지속되어 왔으며, 지금도 여전히 그 삶 속에 머물고 있는가? 당신은 그 삶이 지겹지도 않은가? 아니면, 그렇게 살아가는 것도 괜찮다고 여기는가? 이 세상이 당신의 천국이요, 당신의 유업인가? 그렇다면, 그것이 그토록 바람직해서, 당신은 그것을 몇 해 더 누리기 위해 자신의 영원을 걸어도 괜찮다고 생각하는가?

아마도 당신은 지금의 삶이 즐거운 삶이라고 생각할지 모른다. 그러나 그 즐거움은 과연 지속되겠는가? 지속되지 않는다면, 그것을 당신의 전부로 삼는 것이 과연 지혜로운 일인가? 그것이 무너지면, 당신에게는 아무 소망도 남지 않는다. 그렇다면 지금이라도 그 너머를 바라보는 것이 좋지 않겠는가? 그다음에 올 것이 영원하다면, 그에 대해 아무 대비도 하지 않는 당신의 삶은 맹목적인 무모함이 아닌가? 지금 곧바로 욕망과 쾌락의 강물 속으로 몸을 던지려 하는가? 그전에 영원한 슬픔이 넘실대는 물결에 대한 대비를 갖추었는가? 당신은 과연 심판자 앞에서 하나님을 뇌물로 달래거나, 당당히 맞설 수 있다고 생각하는가? 당신은 죽음과 고통의 강가에서, 생명과 기쁨을 얻기 위한 전투를 치를 준비가 정말로 되어 있는가?

지옥은 허구인가? 둘째 사망은 상상 속에서 그려낸 환영일 뿐인가? 그렇다면 그것은 실로 수많은 사람에게 기쁜 소식이 될 것이다. 삶의 고단함은 곧 끝나고, 그 모든 과거는 단지 괴로운 꿈처럼 흘러가 버릴 테니까. 그러나 누가 무덤에서 돌아와 우리에게 이를 말해 준 적이 있는가? 누가 지하 깊은 곳까지 내려갔으며, 누가 외딴 별을 방문하거나, 누가 우주 공간을 가로질러 다녀온 뒤, 우리에게 이렇게 선언한 적이 있는가? "지옥은 없다."

설령 지옥이 허구라 하더라도, 죄는 어떻게 되는가? 그 죄가 사라지기라도 한단 말인가? 그렇다면, 그 모든 죄의 강을 누가 마르게 할 것인가? 그 모든 물방울이 하나도 남김없이 증발할 수 있는가? 죄가 멈추지 않는다면, 고통 또한 멈추지 않을 것이다. 그렇다면, 그 자체로 비참한 영원을 만들어 내기에 충분하다. 죄인을 그저 죄 속에 그대로 내버려 둬 보라. 그를 괴롭힐 족쇄도, 그를 태울 불꽃도, 그를 조롱할 악마도 없이 말이다. 그러면 그는 스스로 고통 가운데 손을 쥐어짜며, 소멸을 갈망하게 될 것이다. 한 시간에도 수천 번이나 차라리 태어나지 않았더라면 좋았을 거라고 탄식하게 될 것이다.

만일 둘째 사망이 하나의 우화(寓話)에 불과하다면, 예고편처럼 다가오는 이 지상에서의 고통 또한 우화에 불과한 것인가? 지혜로운 자도 비웃을 수 없는 질병이 과연 꾸며낸 이야기인가? 육체적 고통이 인생의 기쁨을 뒤엎기 위해 만들어진 허구란 말인가? 눈물, 이별, 사별, 부서진 마음은 전혀 실재하지 않는가?

만일 현재의 온갖 슬픔이 허구가 아니라면, 우리는 어째서 이보다 더한 것이 장차 존재하지 않으리라고 스스로 속이며 살아가는가? 오히려 이 모두는 경건하지 않은 자에게 영원한 몫이 될 그 무언가의 예고편이 아니겠는가? 이 고통은 땅 위에 드리워진 어둠의 산 그림자가 아니겠는가? 그림자가 이처럼 우울하고 침침하다면, 그 그림자를 던지는 저 어둠의 산은 얼마나 더 깊고 끔찍할 것인가!

천국이란 한낱 꿈에 불과한가? 적어도 분명한 것은 천국은 참으로 아름다운 꿈, 복된 이의 꿈이라는 사실이다. 그렇다면 그 꿈은 누구의 꿈인가? 죄와 슬픔의 자식으로 이 땅을 사는 인간이 그토록 찬란한 꿈을 꿀 수 있다는 말인가? 어찌하여 이토록 협소하고 오염된 영혼 속에 아름다움과 무한함을 나타내는 형상이 스며들었는가? 하나님의 현실보다, 한낱 죽을 인간의 꿈이 더 찬란하고 더 복되단 말인가? 도대체 이 '불멸의 그리움'은 어디서 오는가? 그것은 마치 더 순결한 하늘로부터 반사되는 햇살 같아서, 우리는 그 광휘를 따라 위로, 위로 나아가는 것이 아닌가?

그뿐인가? 인간이든 천사든, 누가 광막한 우주 공간을 끝까지 가 본 적이 있는가? 그리고 그 끝자락에서 "천국은 없다."는 무거운 소식을 우리에게 가져온 이가 있는가? 설령 그런 이가 있다 한들, 우리가 그 말을 믿을 수 있을까? 오히려 이렇게 말하지 않겠는가? "그럴 리 없다! 하나님이 계신다면, 반드시 천국도 있어야 한다. 이 땅에 우리가 '아름답다'고 부르는 것이 존재한다면,

어디엔가 그것보다 더 아름다운 것이 있어야 한다. 우리 주변에 기쁨과 아름다움이 존재한다면, 그 기쁨과 아름다움이 솟아나는 근원이 있어야 하지 않겠는가?"

이 타락한 세상마저 빛나게 하는 그 수많은 아름다운 것들은 어딘가에 천국이 있음을 우리에게 말해 주지 않는가? 그것들은 찰나에 스치듯 아름다움과 완전함의 한 조각을 비추며, 바닥에 흩어진 금가루처럼, 지하 깊은 광산의 보물을 암시한다. 궁전의 창문에서 흘러나온 빛처럼, 그 안에 있는 더 큰 영광의 존재를 알려 준다. 하늘과 땅에 흩어진 다양한 대상은 더 탁월하고 복된 어떤 장면을 가리키며, 그 윤곽만을 희미하게 비출 뿐이다.

우리 머리 위에 빛나는 별들이 쉬지 않고 그 광채를 뿜어낼 때, 그 모든 별이 한목소리로 외친다. "천국이 있다. 우리가 발하는 이 빛조차 그 천국 앞에서 어둠에 불과하다." 들판과 꽃들, 땅 위를 흐르는 강들 또한 우리에게 말한다. "천국은 있다. 우리가 잃어버린 낙원이 있으며, 우리는 그 낙원의 빛바랜 잔영일 뿐이다." 우리는 천국이 있다는 사실을 보여 주는 분명한 증거이며, 언젠가 그 천국을 물려받을 사람들이다.

천국은 참으로 실재한다. 그런데 그 실재는 당신에게 어떤 의미인가? 그 참된 천국, 그 진정한 복됨이 영원토록 당신의 몫이 될 것인가? 아니면 이 세상이 하나님을 대신할 것인가? 광야가 당신의 에덴이 되고, 악이 선이 되며, 땅이 당신의 유일한 천국이 될 것인가? 그럴 수 없다. 그것은 결코 당신을 만족시킬 수 없다. 당신의 영혼은 그보다 더 고귀하고, 더 영원한 것을 위해 창조되었기 때문이다.

이 유업을 거절한다면, 도대체 어디에서 다른 유업을 찾겠는가? 하나님께는 단 하나의 천국만 있을 뿐인데, 당신은 그것을 한낱 꿈처럼 취급하고 있지 않은가?

그렇다면 누가 당신을 위해 새로운 천국을 지어 주겠는가? 생명이 그 빛남과 찬란함을 모두 잃고 사라져 버릴 그날, 당신은 어떻게 천국 없이 견딜 수 있겠는가? 당신 안에 존재하는 '복됨을 담아낼 능력', 그 무한한 수용력은 당신을 지으신 그분이 친히 부여하신 것이다. 그것을 떨쳐버릴 수 있는가? 그것을 줄이거나 무디게 만들 수 있는가? 유한하고 죽을 것으로 만족하도록 바꿀 수 있는가?

생각만 해도 전율이 인다. 당신 안에 이토록 놀라운 수용력이 존재한다는 사실 말이다! 감히 사람의 방식으로 말하자면, 그러나 경외함을 가지고 말하자면, 바로 이 수용력 때문에 하나님이 당신을 붙드신다. 그분은 당신을 말할 수 없이 복되게 하실 수 있고, 말할 수 없이 비참하게 하실 수도 있다. 이 기쁨 또는 슬픔을 향한 수용력은 당신 안에 존재하며, 어떠한 방법으로도 지워지거나 바뀌지 않는다. 이 수용력은 당신 안에 있으며, 영원히 그대로 남겨질 것이다.

당신의 영혼은 측량할 수 없이 큰 그릇이며, 결코 비워진 채로 있을 수 없다. 그것은 반드시 가득 채워져야 한다. 기쁨이든 슬픔이든, 무언가가 영원토록 그 안에 흘러들 것이다. 이 얼마나 엄숙한 생각인가! 이 생각은 당신을 죄 가운데서 깜짝 놀라게 하지 않는가? 삶에서 가장 분주한 순간, 가장 웃음이 많은 시간에도, 이 생각이 죽음의 나라에서 온 유령처럼 당신의 마음속으로 스며들지 않는가?**

이 모두를 알고도, 여전히 무관심할 수 있는가? 하나님을 알지 못하는 이 세상을 당신의 친구로 여긴 채, 여전히 그 세상에 매달리고 있는가? 그 세상은 지금 소멸시키는 불에 던져질 준비를 하고 있는데도 말이다.

당신이 얼마나 많은 것을 잃고 있는지 생각해 보라. 죄 사함과 영생, 당신은 이것을 잃고 있다. 하나님의 은총, 하늘나라의 상속권, 시들지 않는 영광의 면류관, 이 모두를 잃고 있다. 그 가치는 무한하며, 이를 소유하는 복은 당신이 결코 헤아릴 수도, 상상할 수도 없다. 그리고 지금 당신이 그렇게 의식적으로 선택하고 있는 이 상실은 무엇으로도 보상될 수 없는 손실이다. 어떠한 방식으로도 회복될 수 없다.

당신의 영원이 시작되는 그 어두운 아침은 시간이 흐르면서 점차 밝아져 다시 빛의 둘레와 소망의 땅으로 들어서게 되는 그런 종류의 아침이 아니다. 그것은 오히려 "영원히 예비된 캄캄한 흑암"(유 13)의 맛보기에 불과하다. 당신은 이 세상 사람처럼 "언젠가는 더 나은 날이 오겠지."라는 헛된 꿈을 꿀지 모른다. 또는 타락한 자들의 군주가 그러하듯 "이 공포도 점차 온순해지고, 이 어둠도 빛으로 바뀌리라."는 자기기만적인 축사를 스스로에게 건넬지도 모른다. 그러나 그렇지 않다. 그날은 오지 않는다. 그것이 바로 당신이 스스로 준비해 온 유산이며, 당신이 불멸의 영혼을 팔아 얻은 유산이다. 그리고 그것은 영원히 당신의 몫이 될 것이다.

그렇다면 당신은 무엇을 얻는가? 당신의 손실은 무한한데, 그 대가로 얻는 것을 과연 보상이라 할 수 있는가? 아, 당신이 얻는 것은 무엇인가? 조금의 금, 조금의 웃음, 조금의 허영심, 어쩌면 약간의 명예와 영광, 그것이 전부다! 그렇다면 그것들이 과연 어떤 가치가 있는가? 가을 들판의 움푹 팬 골짜기에서 한 줌 가득 주워 모을 수 있는 말라붙은 낙엽에 불과하지 않은가? 그것들은 마치 감옥에 갇힌 자의 방을 찾아오는 한 조각 아름다운 꿈처럼, 잠시 마음을 속이고, 결국에는 조롱하며 사라질 뿐이다. 이것이 이 땅에서 당신이 얻는 전부다. 그리고 장차 얻게 될 몫은 쇠사슬, 불, 고통, 죽지 않는 죽음, 곧 "둘째 사망"(계 20:14; 21:8)이다. 그곳에는 "부활이요 생명"(요 11:25)이신 구주께서 찾아오시지 않는다.

그렇다면, 왜 이토록 막대하고 되돌릴 수 없는 손실을 자초하는가? 왜 이처럼 비참한 이익을 붙들려 하는가? 정말 그래야만 하는가? 당신은 반드시 그렇게 많은 것을 잃고, 그렇게 하찮은 것만 얻어야 하는가? 그럴 필요가 전혀 없다.

그 이익과 손실은 모두 당신이 직접 신중하고도 열렬히 선택한 결과다. 그 선택은 한 번만 이뤄진 것이 아니다. 당신은 그 선택을 수천 번 되풀이해 왔다. 하나님이 자주 당신의 길에 개입하셔서, 당신이 내린 결정을 다시 생각해 보라고 간곡히 권면하셨다. 그러나 당신은 바꾸려 하지 않았다. 하나님은 여러 차례 당신의 우상을 부서뜨리셨고, 당신의 곳간을 비우셨으며, 당신의 꽃봉오리를 시들게 하셨다. 당신이 그 허무한 선택의 본질을 깨닫게 하기 위해서였다. 그러나 당신은 배우려 하지 않았다.

수차례, 어떤 충실한 친구나 목회자가 당신의 손을 붙잡고, 당신의 어리석은 선택과 그 위험에 대해 정중히 경고하기도 했다. 그러나 당신은 귀를 기울이지 않았다. 당신은 끝내 그 길을 고집하며 걸어갔고, 그 결과를 감수하려 했다. 당신은 자신이 가는 길에서 돌아서려 하지 않았으며, 우정을 담은 간절한 권면마저 무례하다고 여겼다. 그리고 이렇게 말했다. "나는 내 길을 가고 싶습니다. 불필요한 간섭은 제발 삼가해 주십시오."

그럼에도 우리는 여전히 간섭하지 않을 수 없다. 우리는 당신이 어떤 방해도, 어떤 간청도 없이 죽음으로 향하는 길을 가는 것을 그저 지켜볼 수 없다. 우리는 다시 한번 당신이 내린 그 선택을 되돌아보기를 간청한다. 그 선택은 과연 지혜로운가? 당신의 양심을 만족시키는가? 그 선택에 불안한 마음이 조금도 없는가? 오히려 의심이 한둘이 아니지 않는가? 그렇다면 왜 여전히 그 길을 고집하는가?

더 지혜롭고, 더 안전한 길이 있지 않은가? 그리고 지금, 하나님이 그 길로 당신을 부르시는 손짓을 보지 못하는가? 그분의 은혜로운 음성을 듣지 못하는가? "너는 그들에게 말하라 주 여호와의 말씀이니라 나의 삶을 두고 맹세하노니 나는 악인이 죽는 것을 기뻐하지 아니하고 악인이 그의 길에서 돌이켜 떠나 사는 것을 기뻐하노라 이스라엘 족속아 돌이키고 돌이키라 너희 악한 길에서 떠나라 어찌 죽고자 하느냐 하셨다 하라"(겔 33:11).

당신을 지으신 하나님이 지금 여기서, 더 나은 길을 당신 앞에 가리키고 계시지 않는가? 그분은 생명을 말씀하시며, 그 생명을 값없이 받으라고 초대하신다. 그분은 죽음을 말씀하시며, 그 죽음을 피하라고 간청하신다. 그분은 지금도 당신을 향해 애타게 마음을 쏟으시며, 당신에게 은혜 베풀기를 기다리신다. 그분께 돌아오라고, 간절히 부르고 계신다.

옛 시대의 한 작가는 당신과 같은 이들을 향해 이렇게 간절히 호소했다. "야곱이 그의 요셉을 다시 만나 그 목을 안고 기쁨의 눈물을 흘릴 때, 그가 얼마나 기뻐했든지 간에, 당신이 하나님께로 돌아올 때 하늘의 아버지께서 기뻐하실 기쁨에는 미치지 못하리라."

탕자 이야기를 다시 보라. 내 눈앞에 보이는 듯하다. 늙은 아버지가 자신의 품위를 내려놓고, 나이를 잊은 채, 뛰어가는 모습을! 오, 자비는 얼마나 서두르는가! 죄인은 그 절반의 속도로도 오지 못한다. 나는 본다. 그분의 마음 깊은 곳이 움직이며, 그분의 긍휼이 깊이 끓어오르는 것을.

또 사랑은 얼마나 눈이 밝은가! 자비는 그를 멀리서 알아보고, 그의 방탕한 생활도, 부자연스러운 반역도, 무서운 배은망덕도, 단 하나도 기억하지 않는다. 오히려 그를 두 팔 벌려 맞아들이고, 그의 목을 끌어안는다. 또 그의 누더기를 개의치 않고, 그의 입술에 입 맞추며, 살진 송아지를 잡으라 명령하고, 가장 좋은 옷을 내어오게 하며, 반지를 끼우고, 신을 신기고, 하늘 창고에 준비된 최고의 음식과 하늘 옷장에 마련된 가장 아름다운 예복을 입힌다.

그 기쁨은 한 사람의 가슴에 담길 수 없다. 다른 이들도 함께 나누어야 한다. 친구들이 모여 잔치를 벌인다. 천사들은 잠시 기다려야 하지만, 탕자는 아버지의 날개 아래, 그 식탁에 앉는다. 그는 잔치의 기쁨이며, 아버지 사랑의 중심이다. 친구들은 함께 기뻐하지만, 방황하던 아들이 돌아왔을 때 아버지가 느끼는 그 깊은 행복을 온전히 아는 이는 아무도 없다. 멀리서 음악 소리와 춤추는 이들의 웃음 소리가 들리는 듯하다! 오, 천상의 노래를 하는 자의 선율이여! 나는 그 노래의 전부를 알 수 없지만, 그 후렴구는 들리는 듯하다. 그리하여 하늘의 모든 화음이 일제히 하나 되어 찬양한다. "이 내 아들은 죽었다가 다시 살아났으며 내가 잃었다가 다시 얻었노라"(눅 15:24).

그분이 당신에게 하시는 요청은 어렵고 고된 순례의 길이 아니다. 그분의 처소에 이르기 위해 당신이 힘겹게 길을 떠나야 하는 것이 아니다. 오히려 그분이 친히 당신에게 오셨으며, 지금도 (수가 성 여인 곁에 앉으셨던 예수님처럼) 당신 곁에 앉아 계신다.

그분은 당신에게 하늘로 올라가 은혜를 얻으라고 명령하시지 않는다. 또한 깊은 심연 속으로 내려가 그것을 찾아오라고 말씀하시지도 않는다. 그분은 은혜의 샘을 바로 당신 곁에 열어 놓으셨다. 그분은 그릇을 들어 당신의 입술에 직접 대어 마시게 하신다. "말씀이 네게 가까워 네 입에 있으며 네 마음에 있다 하였으니 곧 우리가 전파하는 믿음의 말씀이라 네가 만일 네 입으로 예수를 주로 시인하며 또 하나님께서 그를 죽은 자 가운데서 살리신 것을 네 마음에 믿으면 구원을 받으리라"(롬 10:8-9). ***

그대, 쾌락을 사랑하는 자여, 땅의 꿈에 빠진 자여, 오늘도 하나님이 그분의 값없이 베푸시는 사랑 이야기를 당신에게 들려주신다. 당신이 그 사랑을 받아 멸망하지 않고, 영생을 얻게 하시려고 말이다.

그 사랑을 믿음으로 마음에 받아들일 때, 그 조건 없는 사랑은 말로 다 표현할 수 없는 기쁨으로 그대를 가득 채울 것이다. 그것은 마치 에덴의 꽃들에서 풍겨오는 향기와도 같고, 하늘 중의 하늘에서 비추는 햇살과도 같을 것이다. 그 사랑은 쾌락보다도, 금보다도, 정욕보다도, 더 귀하고 더 아름다울 것이다. 이 세상의 모든 기쁨을 아름다운 보석 잔에 담아낸다 할지라도, 그것은 그분의 사랑이 주는 참된 기쁨보다 못하다.

그 사랑은 당신에게 아무런 값을 요구하지 않으며, 당신이 준비될 때까지 기다려야 한다고 말하지도 않는다. 햇살이 격식 없이 창살을 넘어 방 안으로 스며들듯, 그 방이 미리 꾸며져 있지 않아도, 곧장 당신에게 들어올 것이다. 그 사랑이 요구하는 것이라곤, 차라리 잃는 편이 더 나은 것들을 내려놓으라는 것이다. 설령 그것을 모두 손에 넣는다고 해도, 영혼의 멸망과 끝없는 절망에 비하면, 너무도 보잘것없는 대가에 지나지 않는다.

* 어쩌면 독자 가운데, 이 찬송가의 첫 구절을 떠올리는 이도 있을 것이다. "내가 날마다 주를 찬양하리라 / 이제 주의 진노는 거두어졌다 / 피 흘리는 희생 제물로부터 / 위로의 생각이 솟아오른다"(한국 찬송가에는 수록되지 않음-역주).

** 이에 관해, 한 시인이 세상의 감정을 대변해 말한 적 있다. 모든 이가 깊이 숙고할 만한 진술이다. "그러나 이따금, 겨우 눌러놓은 슬픔 위로 / 뱀의 독침 같은 징조가 찾아온다 / 거의 보이지 않지만, 신선한 쓰라림을 담고 있고 / 그것을 불러오는 것은 아주 사소한 것일 수 있다 / 영원히 던져 버리고 싶던 그 무게가 / 다시금 가슴으로 되돌아오게 하는 그것은 / 음악의 한 음, 여름 저녁의 공기 / 봄날의 한 송이 꽃, 바람, 바다의 속삭임 / 그것들은 어두운 사슬처럼 우리를 묶은 / 보이지 않는 전류의 고리에 / 충격을 가하며 다시 울려 퍼진다"(George Gordon Byron, *Childe Harold's Pilgrimage Canto IV* 중 한 구절).

*** Joseph Alleine, "An Alarm to the Unconverted".

The Story of Grace

사명선언문

너희가 흠이 없고 순전하여……세상에서 그들 가운데 빛들로
나타내며 생명의 말씀을 밝혀 _ 빌 2:15-16

1. 생명을 담겠습니다
만드는 책에 주님 주신 생명을 담겠습니다.
그 책으로 복음을 선포하겠습니다.

2. 말씀을 밝히겠습니다
생명의 근본은 말씀입니다.
말씀을 밝혀 성도와 교회의 성장을 돕겠습니다.

3. 빛이 되겠습니다
시대와 영혼의 어두움을 밝혀 주님 앞으로 이끄는
빛이 되는 책을 만들겠습니다.

4. 순전히 행하겠습니다
책을 만들고 전하는 일과 경영하는 일에 부끄러움이 없는
정직함으로 행하겠습니다.

5. 끝까지 전파하겠습니다
모든 사람에게, 땅 끝까지, 주님 오시는 그날까지
복음을 전하는 사명을 다하겠습니다.

서점 안내

광화문점　서울시 종로구 새문안로 69 구세군회관 1층
　　　　　02)737-2288 / 02)737-4623(F)

강남점　　서울시 서초구 신반포로 177 반포쇼핑타운 3동 2층
　　　　　02)595-1211 / 02)595-3549(F)

구로점　　서울시 동작구 시흥대로 602, 3층 302호
　　　　　02)858-8744 / 02)838-0653(F)

노원점　　서울시 노원구 동일로 1366 삼봉빌딩 지하 1층
　　　　　02)938-7979 / 02)3391-6169(F)

일산점　　경기도 고양시 일산서구 중앙로 1391 레이크타운 지하 1층
　　　　　031)916-8787 / 031)916-8788(F)

의정부점　경기도 의정부시 청사로47번길 12 성산타워 3층
　　　　　031)845-0600 / 031)852-6930(F)

인터넷서점　www.lifebook.co.kr